ESTUDO COMPARATIVO DAS CARREIRAS DOCENTES DO MAGISTÉRIO FEDERAL
MS E MEBTT

Editora Appris Ltda.
1.ª Edição - Copyright© 2024 dos autores
Direitos de Edição Reservados à Editora Appris Ltda.

Nenhuma parte desta obra poderá ser utilizada indevidamente, sem estar de acordo com a Lei nº 9.610/98. Se incorreções forem encontradas, serão de exclusiva responsabilidade de seus organizadores. Foi realizado o Depósito Legal na Fundação Biblioteca Nacional, de acordo com as Leis nos 10.994, de 14/12/2004, e 12.192, de 14/01/2010.

Catalogação na Fonte
Elaborado por: Josefina A. S. Guedes
Bibliotecária CRB 9/870

B862e 2024	Brito, Deusdete de Sousa 　Estudo comparativo das carreiras docentes do magistério federal: MS e MEBTT / Deusdete de Sousa Brito, Patrícia Furtado Fernandes Costa. – 1. ed. – Curitiba: Appris, 2024. 　70 p. ; 21 cm. – (Educação, tecnologias e transdisciplinaridade). 　Inclui referências. 　ISBN 978-65-250-5651-7 　1. Professores universitários. 2. Professores de ensino técnico. 3. Qualificações profissionais. 4. Serviço público. I. Costa, Patrícia Furtado Fernandes. II. Título. III. Série. 　　　　　　　　　　　　　　　　　　　　　　　CDD – 378.12

Livro de acordo com a normalização técnica da ABNT

Appris
editora

Editora e Livraria Appris Ltda.
Av. Manoel Ribas, 2265 – Mercês
Curitiba/PR – CEP: 80810-002
Tel. (41) 3156 - 4731
www.editoraappris.com.br

Printed in Brazil
Impresso no Brasil

Deusdete de Sousa Brito
Patrícia Furtado Fernandes Costa

ESTUDO COMPARATIVO DAS CARREIRAS DOCENTES DO MAGISTÉRIO FEDERAL

MS E MEBTT

FICHA TÉCNICA

EDITORIAL	Augusto V. de A. Coelho
	Sara C. de Andrade Coelho
COMITÊ EDITORIAL	Marli Caetano
	Andréa Barbosa Gouveia - UFPR
	Edmeire C. Pereira - UFPR
	Iraneide da Silva - UFC
	Jacques de Lima Ferreira - UP
SUPERVISOR DA PRODUÇÃO	Renata Cristina Lopes Miccelli
ASSESSORIA EDITORIAL	William Rodrigues
REVISÃO	Camila Dias Manoel
DIAGRAMAÇÃO	Renata Cristina Lopes Miccelli
CAPA	Julie Lopes
REVISÃO DE PROVA	Renata Cristina Lopes Miccelli

COMITÊ CIENTÍFICO DA COLEÇÃO EDUCAÇÃO, TECNOLOGIAS E TRANSDISCIPLINARIDADE

DIREÇÃO CIENTÍFICA Dr.ª Marilda A. Behrens (PUCPR)

Dr.ª Patrícia L. Torres (PUCPR)

CONSULTORES

- Dr.ª Ademilde Silveira Sartori (Udesc)
- Dr. Ángel H. Facundo (Univ. Externado de Colômbia)
- Dr.ª Ariana Maria de Almeida Matos Cosme (Universidade do Porto/Portugal)
- Dr. Artieres Estevão Romeiro (Universidade Técnica Particular de Loja-Equador)
- Dr. Bento Duarte da Silva (Universidade do Minho/Portugal)
- Dr. Claudio Rama (Univ. de la Empresa-Uruguai)
- Dr.ª Cristiane de Oliveira Busato Smith (Arizona State University /EUA)
- Dr.ª Dulce Márcia Cruz (Ufsc)
- Dr.ª Edméa Santos (Uerj)
- Dr.ª Eliane Schlemmer (Unisinos)
- Dr.ª Ercilia Maria Angeli Teixeira de Paula (UEM)
- Dr.ª Evelise Maria Labatut Portilho (PUCPR)
- Dr.ª Evelyn de Almeida Orlando (PUCPR)
- Dr. Francisco Antonio Pereira Fialho (Ufsc)
- Dr.ª Fabiane Oliveira (PUCPR)
- Dr.ª Iara Cordeiro de Melo Franco (PUC Minas)
- Dr. João Augusto Mattar Neto (PUC-SP)
- Dr. José Manuel Moran Costas (Universidade Anhembi Morumbi)
- Dr.ª Lúcia Amante (Univ. Aberta-Portugal)
- Dr.ª Lucia Maria Martins Giraffa (PUCRS)
- Dr. Marco Antonio da Silva (Uerj)
- Dr.ª Maria Altina da Silva Ramos (Universidade do Minho-Portugal)
- Dr.ª Maria Joana Mader Joaquim (HC-UFPR)
- Dr. Reginaldo Rodrigues da Costa (PUCPR)
- Dr. Ricardo Antunes de Sá (UFPR)
- Dr.ª Romilda Teodora Ens (PUCPR)
- Dr. Rui Trindade (Univ. do Porto-Portugal)
- Dr.ª Sonia Ana Charchut Leszczynski (UTFPR)
- Dr.ª Vani Moreira Kenski (USP)

A minha esposa e filhas, que, por diversas vezes, se privaram de minha companhia, quando, apesar de eu estar em casa, estava dedicado ao desenvolvimento e à construção desta obra.

AGRADECIMENTOS

Agradeço à minha orientadora, Prof.ª Patrícia Furtado Fernandes Costa, coautora deste livro, por aceitar e conduzir com maestria o desenvolvimento da obra, fazendo as observações adequadas quando necessário.

A todos os meus professores do curso da especialização em Docência na Educação Profissional e Tecnológica do Instituto Federal de Educação, Ciência e Tecnologia Sudeste de Minas, campus Rio Pomba, pela excelência, qualidade técnica de cada um e fonte de inspiração para esta obra, bem como a todos os docentes que contribuíram direta ou indiretamente na minha formação.

Aos meus pais, Florenço de Sousa Brito e Josefa Maria de Sousa Brito, que sempre estiveram ao meu lado me apoiando ao longo de toda a minha vida acadêmica e profissional.

À minha esposa, Marinalva Barbosa da Silva Brito, e minhas filhas Anne Nathielle e Paola Sophia, pela compreensão e paciência demonstradas durante o período de realização de estudos e construção desta obra.

Ainda que chegues a viver cem anos, nunca deixes de aprender.
(Provérbio persa)

APRESENTAÇÃO

A ideia desta obra surgiu de uma conversa informal com um amigo poeta durante um almoço de terça-feira. O trabalho em si já estava pronto e finalizado, tendo em vista que a ideia partiu de um Trabalho de Conclusão de Curso (TCC) que tive que escrever, quando da realização e conclusão da especialização em Docência em Educação Profissional e Tecnológica cursada no Instituto Federal de Educação, Ciência e Tecnologia do Sudeste de Minas, campus Rio Pomba, que iniciei no período da pandemia e conclui no primeiro semestre de 2023.

Mas o trabalho também procurou responder a outras inquietações dos autores. Temos vários colegas professores do Magistério de Ensino Básico, Técnico e Tecnológico (MEBTT) cujas falas abordam as atividades e atribuições das carreiras do Magistério Federal (MF), MEBTT e Magistério Superior (MS), como equivalentes, principalmente porque ambas são tratadas pela mesma lei, no entanto os cargos ou funções públicas só são equivalentes quando se enquadram nos cinco critérios da lei.

Tendo isso em vista, este livro veio resgatar a evolução histórica da carreira de MEBTT e da própria Rede Federal de Educação Profissional, Científica e Tecnológica, ou simplesmente Rede Federal, havendo alguns pontos de discussão e falta de consenso entre os órgãos da administração pública federal, sendo representados pela Advocacia-Geral da União, pelo Ministério Público Federal e pelos servidores, levando muitas vezes a ações no Poder Judiciário, que é o local adequado para resolver os conflitos e dirimir as dúvidas de pontos das leis que não estão pacificados, a exemplo da redistribuição entre as carreiras de magistério federal de MEBTT e MS, ou vice--versa, bem como o porquê de uma dessas carreiras ser dispensada do controle eletrônico de frequência enquanto a outra ser obrigada a registrar sua frequência em folha ou de forma eletrônica.

Ao longo do desenvolvimento da obra, dirimimos essas dúvidas e apresentamos algumas orientações e sugestões de como resolvemos tais situações de discordâncias entre servidores e representantes da União.

Boa leitura a todos(as) que se dignarem a conhecer um pouco mais sobre as carreiras do magistério federal ou que tiverem interesse em aprofundar seus estudos sobre o tema, ou até mesmo aos que queiram sanar suas dúvidas sobre o tema.

Deusdete de Sousa Brito

PREFÁCIO

Enchi-me de uma profunda gratidão ao ser convidado para prefaciar a presente obra, que foi fruto de um trabalho de conclusão do curso de pós-graduação lato sensu em Docência em Educação Profissional e Tecnológica do querido autor, professor Deusdete de Sousa Brito. Faço-o, ainda, no sentido de uma aprendizagem, convicto de estar contribuindo com a sua formação acadêmica.

Assim, este prefaciador põe-se na condição, também, de docente, e honra-me ter o autor deste belíssimo trabalho como colega docente da mesma instituição em que atuo, Instituto Federal de Educação, Ciência e Tecnologia do Maranhão (Ifma).

Primeiramente, insta pontuar que o ponto inicial foi proporcionar àqueles que se dedicam a conhecer este trabalho uma obra que apresentasse primorosamente a atuação dos profissionais da educação da carreira de Magistério de Ensino Básico, Técnico e Tecnológico (MEBTT) e Magistério Superior (MS) dentro dos institutos federais, demonstrando fielmente a grandeza e os desafios que esses profissionais enfrentam no âmago dos institutos.

É tangível que o trabalho foi fruto de um processo de reordenamento, também chamado de *ifetização*, dos institutos federais, com foco nas condições de trabalho dos docentes que atuam nas graduações. Nesse ínterim, apresenta a expansão da instituição e de seus cursos, trazendo ao leitor a problemática surgida desde então, a qual submete os docentes a condições de trabalho precárias, já que não lhes são possibilitadas todas as condições materiais necessárias.

Observei ainda que, ao longo do ensaio, o autor teve uma preocupação quanto à apresentação do perfil multifuncional dos docentes, com vistas a desenvolver múltiplas atividades e cobrir as lacunas institucionais, de forma compulsória. O estudo revelou peculiaridades nas condições do trabalho docente nos cursos integrados, concomitantes, subsequentes, superiores e outras modalidades contidas na instituição, demonstrando a existência de generalidades que se apresentam para o conjunto desses trabalhadores na atualidade.

Nesse contexto, o autor propõe mostrar o papel dos institutos federais dentro da rede federal, ao mesmo tempo que destaca o papel desses profissionais da educação; e, para não bastar, ainda faz um paralelo entre as carreiras de Magistério de Ensino Básico, Técnico e Tecnológico (MEBTT) e Magistério Superior (MS).

Dito isso, como docente que conhece o sabor e o dissabor em sê-lo, foi impactante reviver a trajetória, seguida desde o nascedouro aos dias atuais, da REDE FEDERAL DE EDUCAÇÃO TECNOLÓGICA. Passos que, em determinados períodos/épocas, puderam superar barreiras ideológicas e consolidar um projeto idealizador que hoje garante a formação de profissionais no mercado de trabalho.

É perceptível, aos corações sensíveis para esta linha de pesquisa, que por meio deste trabalho o autor buscou identificar os pontos que impactavam diretamente o exercício da docência a fim de compreender quais condições, facilidades, problemas ou dificuldades eram encontrados pelos docentes em sua atuação. Esse ponto é fundamental, pois demonstra a sensatez e coragem do autor em apresentar a dura realidade, utilizando para isso argumentos embasados e congruentes com os quais vive no exercício cotidiano de suas funções.

O que podemos esperar desta obra não é só fruto do acúmulo de anos de saber, é sobremaneira um exercício de síntese capaz de por meio de uma didática primorosa, apresentar ao mesmo tempo que problematizar o papel dos Institutos Federais de Educação, Ciência e Tecnologia.

Por todos os elementos aqui demonstrados, tenho a plena convicção de que esta obra se tornará uma referência para aqueles que buscam uma compreensão da REDE FEDERAL DE EDUCAÇÃO TECNOLÓGICA, mas também da atuação dos profissionais da educação dentro dessa rede.

São Luís, 27 de julho de 2023.

Prof. Dr. Pedro Ribeiro
Físico e engenheiro civil do Ifma

LISTA DE SIGLAS

AGU	Advocacia-Geral da União
CA	Colégio de Aplicação
Cefet	Centro Federal de Educação Tecnológica
CMF	Carreira do Magistério Federal
Colun	Colégio Universitário
CGGP	Coordenação-Geral de Gestão de Pessoas
CPII	Colégio Pedro II
CPPD	Comissão Permanente de Pessoal Docente
DE	Dedicação Exclusiva
EBTT	Ensino Básico, Técnico e Tecnológico
EAA	Escola de Aprendizes Artífices
EaD	Ensino a Distância
EIT	Escola Industrial e Técnica
Enao-WB	Escola Nacional de Artes e Ofício Wenceslau Braz
ETF	Escola Técnica Federal
ETFG	Escola Técnica Federal da Guanabara
ETFPR	Escola Técnica da Universidade Federal do Paraná
ETI	Escola Técnica Industrial
ETN	Escola Técnica Nacional
FIC	Formação Inicial e Continuada
IES	Instituição de Educação Superior
Ifect	Instituto Federal de Educação, Ciência e Tecnologia
Ifes	Instituição Federal de Ensino Superior
IF	Instituto Federal

Ifes	Instituto Federal de Educação, Ciência e Tecnologia do Espírito Santo
Ifma	Instituto Federal de Educação, Ciência e Tecnologia do Maranhão
IFPR	Instituto Federal de Educação, Ciências e Tecnologia do Paraná
IFRR	Instituto Federal de Educação, Ciências e Tecnologia de Roraima
IN	Instrução Normativa
LDB	Lei de Diretrizes e Bases da Educação Nacional
LI	Liceu Industrial
LIP	Liceu Industrial e Profissional
ME	Ministério da Economia
MEC	Ministério da Educação
MEBTT	Magistério de Ensino Básico, Técnico e Tecnológico
MPOG	Ministério de Planejamento, Orçamento e Gestão
MPO	Ministério de Planejamento e Orçamento
MS	Magistério Superior
PEBTT	Professor do Ensino Básico, Técnico e Tecnológico
PCCMF	Plano de Carreiras e Cargos de Magistério Federal
PGPE	Plano Geral de Cargos do Poder Executivo
PIT	Plano Individual de Trabalho
PR	Presidência da República
PUCRCE	Plano Único de Classificação e Retribuição de Cargos e Empregos
RFEPT	Rede Federal de Educação Profissional e Tecnológica
RFEPCT	Rede Federal de Educação Profissional, Científica e Tecnológica
RIT	Relatório Individual de Trabalho
RSC	Reconhecimento de Saberes e Competências
RT	Retribuição por Titulação
Seed	Secretaria de Educação a Distância
Seres	Secretaria de Regulação e Supervisão da Educação Superior

Sesu	Secretaria de Educação Superior
SFES	Sistema Federal de Educação Superior
Setec	Secretaria de Educação Profissional e Tecnológica
Sipec	Sistema de Pessoal Civil da Administração Federal
UF	Universidade Federal
UFPR	Universidade Federal do Paraná
UTFPR	Universidade Tecnológica Federal do Paraná
VB	Vencimento Básico

SUMÁRIO

1
EVOLUÇÃO HISTÓRICA DA REDE FEDERAL
E DA CARREIRA DO MEBTT... 23

2
A EVOLUÇÃO DAS CARREIRAS DO MAGISTÉRIO
FEDERAL E SEUS PERFIS DOCENTES.. 31
2.1 Perfil docente da carreira de MEBTT 33
2.2 Perfil docente da carreira de MS 36
2.3 Critérios de equivalências entre as carreiras MS e MEBTT 39
2.3.1 I. Equivalência de vencimentos 40
2.3.2 II. Manutenção da essência das atribuições do cargo 44
2.3.3 III. Vinculação entre os graus de responsabilidade
e complexidade das atividades.. 45
2.3.4 IV. Mesmo nível de escolaridade, especialidade
ou habilitação profissional... 47
2.3.5 V. Compatibilidade entre as atribuições do cargo
e as finalidades institucionais do órgão ou entidade 49
2.4 Perfil docente na Rede Federal de Educação Profissional,
Científica e Tecnológica.. 51
2.5 Discussão.. 52

CONSIDERAÇÕES FINAIS... 57

REFERÊNCIAS 61

1

EVOLUÇÃO HISTÓRICA DA REDE FEDERAL E DA CARREIRA DO MEBTT

A carreira de magistério federal está dividida nos cargos de Magistério de Ensino Básico, Técnico e Tecnológico (MEBTT) e Magistério Superior (MS) (BRASIL, 2012). A atual carreira de MEBTT vem evoluindo e se moldando ao longo dos anos, e tais alterações e atribuições se confundem com a própria evolução histórica da Rede Federal de Educação Profissional e Tecnológica (RFEPT) e dos atuais Institutos Federais (IFs) — inicialmente chamados de Escolas de Aprendizes Artífices (EAAs), hoje são os Institutos Federais de Educação, Ciência e Tecnologia (Ifects).

Essa história se inicia com a publicação do Decreto 7.566, de 23 de setembro de 1909, criando as Escolas de Aprendizes Artífices em cada uma das 19 capitais dos estados da República, sob a jurisdição do Ministério dos Negócios da Agricultura, Indústria e Comércio, destinadas ao ensino profissional, primário e gratuito para formar operários e contramestres, sendo instaladas no ano seguinte (BRASIL, 1909a).

Quando da criação das EAAs, o Decreto 7.649, de 11 de novembro de 1909, instituiu que os cursos noturnos primários anexados a elas seriam ministrados por professores normalistas; e os cursos de desenho, por professores especialistas da área, porém com baixa especialização (BRASIL, 1909b).

O ensino técnico no Brasil confunde-se com o nosso processo de industrialização. Devido à escassez de professores qualificados para atuarem no ensino técnico industrial, essa carência sempre foi um desafio para as diversas gestões do governo federal (MOURA, 2021). Na tentativa de encontrar uma solução para o problema, foi criada, no Rio de Janeiro, então capital do Brasil, a Escola Normal de Artes e Ofícios Wenceslau Braz (Enao-WB), que iniciou seus cursos efetivamente em agosto de 1919.

A Enao-WB foi responsável pelo ensino industrial e tinha finalidade de formar professores, mestres e contramestres para os vários institutos e escolas profissionais, tendo, ainda, como objetivo qualificar docentes de trabalhos manuais para atuar nas escolas primárias dos municípios.

Mas esta escola teve início antes, em 1917, com o Decreto Municipal 1.790, de 8 de janeiro, assinado pelo prefeito do Distrito Federal, à época o Rio de Janeiro, que criou uma escola com o nome de Escola Normal de Artes e Ofícios (DF, 1917a). Ainda no mesmo ano, esta passou a se chamar Escola Normal de Artes e Ofícios Wenceslau Braz, por meio do Decreto 1.800, de 11 de agosto (DF, 1917a; MOURA, 2018). Em 1919, em uma negociação com o governo federal, passou à esfera da União, de acordo com Fonseca (1961).

Mas em 1937 a escola normal teve suas atividades encerradas em função da criação da Lei 378, de 13 de janeiro, que determinava a mudança das EAAs para Liceus Industriais (LIs) (BRASIL, 1937). Em 1942, passou a se chamar Escola Técnica Nacional (ETN), com a criação da Lei Orgânica do Ensino Industrial — Decreto-Lei 4.073, de 30 de janeiro (BRASIL, 1942a). A ETN foi a entidade protagonista em promover a formação docente da rede federal de ensino profissionalizante, presente nas Escolas Técnicas Industriais (ETIs) das capitais brasileiras (DF, 1917a).

Com a transformação das Escolas de Aprendizes Artífices em Liceus Industriais e Profissionais (LIPs) pela Lei 378/1937, a Lei Orgânica do Ensino Industrial determinou que o ensino industrial seria dividido em dois ciclos: o primeiro ciclo era formado pelo ensino industrial básico, o ensino de mestria, o ensino artesanal e a aprendizagem; o segundo ciclo compreendia o ensino técnico e o ensino pedagógico (BRASIL, 1942a).

No entanto, esta denominação não perdurou por muito tempo, visto que o Decreto-Lei 4.127, de 25 de fevereiro de 1942, transformou os Liceus Industriais em Escolas Industriais e Técnicas (EITs), passando a ofertar cursos técnicos e pedagógicos, bem como industriais e de mestria, com a formação profissional em nível equivalente ao do secundário (BRASIL, 1942b).

Com a emissão deste decreto-lei, estabeleceram-se as bases de organização da rede federal de estabelecimentos de ensino industrial, constituída por escolas técnicas, industriais, artesanais e de aprendizagem, as chamadas Escolas Industriais e Técnicas, que passaram a ofertar formação profissional nos dois ciclos do ensino industrial.

O quadro docente dos Liceus Industriais era formado por professores do curso primário, professores de desenho, mestres das seções de Artes Gráficas, Feitura de Vestuários, Trabalhos de Metal, Trabalhos de Madeira e contramestres das oficinas, que eram responsáveis pelas aulas práticas. Já as escolas industriais e técnicas eram formadas por professores de ensino industrial básico, com formação de disciplinas de cultura técnica ou de cultura pedagógica, incluídas nos cursos de ensino industrial, ou por administradores de serviços relativos ao ensino industrial.

Em 1946, com a criação da Lei Orgânica do Ensino Agrícola, estabeleceram as bases deste ensino, destinado essencialmente à preparação profissional dos trabalhadores da agricultura (BRASIL, 1946). No ano de 1959, as Escolas Industriais e Técnicas foram transformadas em Escolas Técnicas Federais (ETFs) (BRASIL, 1959).

Já em 1965, a Escola Técnica Federal do Rio de Janeiro passou a se chamar Escola Técnica Federal da Guanabara (ETFG), em função da mudança da capital federal para Brasília (BRASIL, 1965). Depois o Decreto-Lei 181, de 17 de fevereiro de 1967, deu-lhe nova denominação: Escola Técnica Federal Celso Suckow da Fonseca (BRASIL, 1967). Sua função de formação de professores cessou em 1978, quando passou a se chamar Centro Federal de Educação Tecnológica Celso Suckow (Cefet-RJ), unidade Maracanã, mantendo-se com essa denominação até a atualidade, pela Lei 6.545, de 30 de junho deste ano. Esta lei também transformou as Escolas Técnicas Federais do Paraná e de Minas Gerais em Centros Federais de Educação Tecnológica

(BRASIL, 1978), passando a ser as três assim denominadas: Cefet-RJ, Cefet-PR e Cefet-MG.

Por muito tempo, permaneceram apenas estes três centros federais, até que em 1989 houve a transformação da ETFMA em Cefet-MA (BRASIL, 1989), e mais tarde, em 1994, por meio da aprovação da Lei 8.948, de 8 de dezembro, ampliou-se a rede, transformando gradativamente as demais ETFs e EAFs em Cefets, começando pelos Cefet-AM, Cefet-RS e Cefet-SP (BRASIL, 1994).

Nas Escolas Técnicas Federais, o quadro docente era formado pela carreira de professor de primeiro e segundo graus. Já nos Cefets, o quadro era composto por esta (para aqueles que ministravam aulas nas disciplinas dos cursos técnicos) e pela carreira do MS, formado por aqueles que ministravam aulas nos cursos superiores.

Todas essas transformações ao longo da história formaram a base, em 1994, para o Sistema Nacional de Educação Tecnológica, constituído pela rede federal e integrado pelas redes ou escolas congêneres dos estados, municípios e Distrito Federal. Essa rede federal, no entanto, teve uma transformação gradativa, de escolas técnicas e agrícolas federais para Cefets, como vimos.

Em 20 de dezembro de 1996, foi promulgada a Lei de Diretrizes e Bases da Educação Nacional (LDB), que dedicou o Capítulo III do seu Título VI à educação profissional, e posteriormente esse capítulo foi denominado "Da educação profissional e tecnológica" pela Lei 11.741, de 16 de julho de 2008, que incluiu a seção IV-A no Capítulo II, para tratar exclusivamente da educação técnica profissional de nível médio (BRASIL, 2008a).

Após muitos debates, em 29 de dezembro de 2008, foi sancionada a Lei 11.892, que resultou, no âmbito do Ministério da Educação (MEC), na criação dos Institutos Federais de Educação, Ciência e Tecnologia, ou abreviadamente Institutos Federais, os quais apresentaram um novo modelo de educação profissional, estruturados conforme consulta aos Cefets, à Escolas Técnicas Federais, agrotécnicas federais e escolas vinculadas às Universidades Federais (UFs): os Colégios Universitários (Coluns) e os Colégios de Aplicação (CAs) (BRASIL, 2008c), e Colégio Pedro II (CPII).

Quando da criação dos Institutos Federais, a todos os campi foi permitido ofertar ensino técnico e superior, e, como existiam duas carreiras docentes, uma para o ensino técnico e outra para o superior, então se transformou a carreira de docente de primeiro e segundo graus em Magistério de Ensino Básico, Técnico e Tecnológico; e na carreira de Magistério Superior permaneceram apenas aqueles cargos já ocupados nos campi que já ofertavam ensino superior.

Com a promulgação da Lei 11.784, 22 de setembro de 2008, houve a reestruturação do Plano Geral de Cargos do Poder Executivo (PGPE) (BRASIL, 2008b). Nela estão incluídas as carreiras de MEBTT e MS, criadas pela Lei 7.596, de 10 de abril de 1987 (BRASIL, 1987).

A Reforma da Educação Profissional, prevista na Lei 11.892/2008, reconfigurou a Rede Federal de Educação Profissional e Tecnológica (RFEPT), criando os IFs (BRASIL, 2008c). Assim, conforme proposta da nova lei, os docentes que atuavam nas ETFs, nas escolas agrotécnicas federais, nos CAs, no CPII e nos Cefets foram consultados sobre a mudança para a nova carreira ou se permaneceriam na antiga. Aqueles que concordaram em mudar passaram a fazer parte da nova carreira, tão logo a lei foi promulgada. Portanto, os novos docentes dos IFs, a partir de então, já entrariam no serviço público regidos pela carreira de MEBTT, sendo regulamentada posteriormente pela Lei 12.772, de 28 de dezembro de 2012, a qual também trata da carreira de docente de MS, bem como da instituição do Reconhecimento de Saberes e Competências (RSCs) somente aos professores da carreira EBTT (BRASIL, 2012).

No ano de 2010, a então diretora-geral do Colégio Pedro II solicitou à Pró-Reitoria de Ensino a elaboração de um projeto que pudesse credenciar a instituição junto ao Fundo Nacional de Desenvolvimento da Educação (FNDE) para obtenção de verba do projeto ProInfância, com o objetivo de construir um pavilhão especial que abrigasse turmas de educação infantil no campus Realengo. No entanto, essa nova atuação dos docentes do CPII na educação infantil leva à precarização do trabalho do docente EBTT, pois agora passa a atuar da educação infantil, percorrendo a educação básica e superior, até a pós-graduação.

Nesta obra, verificamos a existência de equivalência entre as carreiras do Magistério de Ensino Básico, Técnico e Tecnológico e a carreira de Magistério Superior para constatar se há ou não a possibilidade de realização de redistribuição entre as carreiras, bem como a desobrigação de cobrança de frequência eletrônica para o docente do MEBTT, dadas a natureza e as atribuições das respectivas carreiras.

No desenvolvimento deste livro, discorremos sobre os seguintes tópicos:

- A evolução histórica do docente da rede federal (geral);

- A evolução histórica do docente do Magistério Superior;

- A evolução histórica do docente EBTT;

- Caracterização das carreiras MS e MEBTT;

- Os elementos necessários e os critérios à equivalência das carreiras;

- Fizemos o comparativo desses critérios;

- Pontuamos e analisamos os prós e contras da equiparação: impacto salarial, RSCs, atribuições, entre outros.

Esta obra foi desenvolvida por meio de uma pesquisa exploratória, pois o tema ainda não está consolidado e é, portanto, insuficientemente estudado, tendo em vista as constantes ações judiciais que levaram os órgãos responsáveis à construção da Instrução Normativa (IN) 2 do Ministério do Planejamento, Desenvolvimento e Gestão, que criou orientação, critérios e procedimentos gerais que devem ser obedecidos pelos órgãos e entidades que compõem o sistema orgânico e estruturador de gestão de pessoas civis da administração pública federal [Sistema de Pessoal Civil da Administração Federal (Sipec)] quanto à jornada de trabalho de que trata o Art. 19 da Lei 8.112/2018; e a Nota Técnica SEI n.º 28499/2020/ME, que consolida o entendimento acerca da dispensa de controle eletrônico dos professores da carreira de MEBTT, nos termos da alínea "e", § 7º, Art. 6º do Decreto 1.590/2020, sendo alvo de constantes reclamações junto aos órgãos competentes.

Para atingirmos os objetivos desta obra, realizamos uma pesquisa documental revisando a legislação vigente, apresentando a evolução da carreira docente e da Rede Federal de Educação Profissional, Científica e Tecnológica (RFEPCT); desenvolvemos um estudo de caracterização das duas carreiras, MS e MEBTT; realizamos o estudo da legislação específica vigente, apontando os elementos necessários e os critérios à equivalência das carreiras; e realizamos um estudo comparativo dos critérios de equivalência das carreiras elencadas. Segundo este estudo realizado, analisamos os prós e contras da equiparação: impacto salarial, RSCs, atribuições, entre outros.

2

A EVOLUÇÃO DAS CARREIRAS DO MAGISTÉRIO FEDERAL E SEUS PERFIS DOCENTES

Para melhor compreensão da carreira de professor EBTT, é primordial conhecer a evolução da Rede Federal de Educação Profissional, Científica e Tecnológica.

Vimos que a evolução histórica da RFEPCT começou com a criação da Escola de Aprendizes Artífices, por meio do Decreto 7.566/1909, e perdurou pelo período de 1909 a 1937.

Com a sanção da Lei 378/1937, o então presidente Getúlio Vargas reorganizou o novo Ministério da Educação e Saúde Pública e determinou, pelo Art. 37, que as EAAs fossem transformadas em Liceus Industriais e Profissionais, destinados ao ensino profissional, em todos os ramos e graus, permanecendo com esta denominação durante o período de 1937 a 1942. Ainda no mesmo artigo, em seu parágrafo único, prenunciou-se a criação de liceus em todo o país, demonstrando, assim, o interesse do governo federal em investir no ensino industrial, disseminando, dessa forma, o ensino profissional (BRASIL, 1937).

Mas o Decreto 4.127/1942 veio extinguir os LIs, transformando-os em Escolas Industriais e Técnicas pelo período de 1942 a 1959, passando, assim, a oferecer a formação profissional em nível equivalente ao do secundário (BRASIL, 1942b). A partir de então, o ensino industrial foi formalmente vinculado às estruturas de ensino do país, uma vez que os alunos formados nos cursos técnicos ficavam autorizados a ingressar nos cursos superiores de áreas equivalentes à da sua formação.

Em 1959, pela Lei 3.552, de 13 de fevereiro, foram instituídas autarquias com o nome de Escolas Técnicas Federais, que perduraram no intervalo de tempo de 1959 a 1994 (BRASIL, 1959).

Já com a promulgação da Lei 8.948, de 8 de dezembro de 1994, instituía-se o Sistema Nacional de Educação Tecnológica, que transformava as ETFs e as Escolas Agrotécnicas Federais, gradativamente, em Centros Federais de Educação Profissional e Tecnológica (BRASIL, 1994). Essa mudança perdurou na década de 1990, com a Reforma da Educação Profissional proporcionada pelos Decretos 2.208/1997 e 2.406/1997. A ênfase desta política esteve na transformação de todas as ETFs em Cefets como estratégia de implantação do Subsistema de Educação Profissional e de expansão, no ensino superior, dos cursos de formação de tecnólogos (BRASIL, 1997a, 1997b).

Então, em 29 de dezembro de 2008, culminou com a promulgação da Lei 11.892, que estabeleceu a RFEPCT, instituindo, assim, os Institutos Federais de Educação, Ciência e Tecnologia e outras providências (BRASIL, 2008c).

Como mencionamos, na migração para IFs, realizou-se uma consulta a todos os Cefets, às escolas agrotécnicas federais, aos colégios técnicos, e apenas os Cefets do Rio de Janeiro e de Minas Gerais permaneceram, enquanto o Cefet-PR já havia sido transformado em Universidade Tecnológica Federal do Paraná (UTFPR), por meio da Lei 11.184, de 7 de outubro de 2005 (BRASIL, 2005); e a Escola Técnica da Universidade Federal do Paraná (ETFPR) transformou-se no Instituto Federal de Educação, Ciência e Tecnologia do Paraná (IFPR).

Esse processo de expansão da rede foi bastante significativo, levando à instalação da UTFPR em quase todas as regiões do Paraná, ficando constituída por 13 campi, mas permanecendo vinculada à Secretaria de Educação Profissional e Tecnológica (Setec). Essa universidade tem como foco a graduação, a pós-graduação e a extensão. Atualmente, a comunidade universitária é formada por professores e técnicos-administrativos e oferta mais de 120 cursos, atendendo a mais de 37 mil estudantes nos cursos técnicos, superiores de graduação em tecnologia, bacharelados e licenciaturas e pós-graduação, com mais de 50 cursos de mestrado e 8 de doutorado. O diferencial dessa instituição é a aproximação com o setor empresarial e industrial, características essenciais a uma universidade tecnológica, desenvolvendo inúmeras pesquisas aplicadas, da cultura empreendedora, de atividades sociais e extraclasse, entre outras ações.

Já certa da criação dos Institutos Federais, tendo em vista que o projeto de lei tramitara na Câmara Federal, sendo sancionado pela Presidência da República (PR), a adequação da carreira de magistério federal impõe-se. Os então recém-criados IFs tinham obrigação legal de ofertar o mínimo de 50% de suas vagas a cursos técnicos de nível médio, prioritariamente na forma integrada; o mínimo de 20% de suas vagas para atender à oferta de cursos de licenciatura, bem como programas especiais de formação pedagógica, com vistas à formação de professores para a educação básica, sobretudo nas áreas de ciências e matemática, e para a educação profissional; e 30% das ofertas a cursos superiores em tecnologia, bacharelados e engenharias e pós-graduação *stricto sensu* de mestrado e doutorado (BRASIL, 2008b).

Criados os IFs, a carreira de Magistério Superior, advinda dos Cefets, ficou estagnada, não sendo mais recomposta; enquanto a carreira de professores de primeiro e segundo graus foi transformada em magistério EBTT, para atender às novas demandas, que eram: ofertar ensino médio técnico e superior em todos os campi dos IFs.

2.1 Perfil docente da carreira de MEBTT

As carreiras docentes do magistério federal foram regulamentadas com a promulgação da Lei 11.784, de 22 de setembro de 2008, que reestruturou o Plano Geral de Cargos do Poder Executivo (BRASIL, 2008b); e da Lei 12.772, de 28 de dezembro de 2012, que tratou da estruturação do Plano de Carreira e Cargos do MS e do MEBTT, e deu outras providências (BRASIL, 2012).

A carreira de MEBTT é composta pelos cargos de provimento efetivo de Professor do Ensino Básico, Técnico e Tecnológico (PEBTT);

e cargo isolado de provimento efetivo, de nível superior, de professor titular-livre do EBTT. A carreira do MEBTT foi configurada inicialmente pelas seguintes classes e níveis, conforme descrito no quadro a seguir:

a. Carreira do Magistério do Ensino Básico, Técnico e Tecnológico

Quadro 1 – Correlação do Plano de Carreiras e Cargos do MEBTT

SITUAÇÃO ANTERIOR			SITUAÇÃO ATUAL		
CARREIRA	CLASSE	NÍVEL	NÍVEL	CLASSE	CARREIRA
Carreira de MEBTT, de que tratam as Leis 11.784/2008 e 12.269/2010	Titular	U	U	Titular-livre	Carreira de MEBTT do Plano de Carreiras e Cargos de Magistério Federal (PCCMF), de que tratam as Lei 12.772/2012 e 12.863/2013
	D V	3	4	D IV	
	D V	2	3	D IV	
	D V	1	2	D IV	
	D IV	S	1	D IV	
	D III	4	4	D III	
	D III	3	3	D III	
	D III	2	2	D III	
	D III	1	1	D III	
	D II	4	2	D II	
	D II	3	2	D II	
	D II	2	1	D II	
	D II	1	1	D II	
	D I	4	2	D I	
	D I	3	2	D I	
	D I	2	1	D I	
	D I	1	1	D I	

Fonte: Brasil (2008b, 2013)

Os docentes do MEBTT, atualmente, ingressam na carreira na classe D I nível 1 e somente após aprovação no estágio probatório é farão jus à aceleração da promoção àqueles que tenham requisitos, no entanto, aqueles que já passaram pelo estágio probatório fazem estas promoções, guardados os requisitos, conforme estabelecido:

- De qualquer nível da Classe D I para o nível 1 da classe D II, pela apresentação de título de especialista; e

- De qualquer nível das Classes D I e D II para o nível 1 da classe D III, pela apresentação de título de mestre ou doutor.

A comprovação do requisito de titulação: diplomação de especialização, mestrado ou doutorado.

Após a aceleração da promoção o docente deve permanecer 24 meses no nível 1 da classe para qual teve sua promoção. Somente depois de cumprido esse interstício, poderá realizar progressão ao nível 2.

Em relação a progressão por titulação, os efeitos financeiros passam a viger a partir da data da portaria de concessão da progressão. Não sendo cabível a retroatividade dos efeitos financeiros a partir da data de conclusão do curso.

b. Cargo isolado de professor titular do Ensino Básico, Técnico e Tecnológico

Quadro 2 – Cargo isolado de MEBTT

SITUAÇÃO ANTERIOR			SITUAÇÃO ATUAL		
CARREIRA	CARGO	NÍVEL	NÍVEL	CARGO	CARREIRA
MEBTT, Lei 11.784/2008	Professor titular	1	Único	Professor titular-livre	MEBTT, Lei 12.863/2013

Fonte: Brasil (2008b, 2013)

2.2 Perfil docente da carreira de MS

Consideramos aqui a legislação que regulamentou as respectivas carreiras do MEBTT e do MS, a saber:

- Lei 11.784, de 22 de setembro de 2008, que reestruturou o PGPE (BRASIL, 2008b);

- Lei 7.596, de 10 de abril de 1987, que trata da carreira de MS (BRASIL, 1987);

- Lei 12.772, de 28 de dezembro de 2012, que estruturou o PCCMF, transformando na nova carreira de MS (BRASIL, 2012).

Antes de 2012, a carreira de MS consistia em quatro classes — auxiliar, assistente, adjunto e associado —, e cada classe tinha quatro níveis (1 a 4), em que as mudanças ocorriam por meio de progressões e promoções a cada 24 meses de serviços prestados. A classe de professor titular ou livre era uma classe especial, com único nível, que era provida mediante concurso de provas com tema inédito e prova de títulos, específica para esta classe. As universidades tinham uma quantidade de vagas para esta classe, e só abriam novas vagas mediante aposentadoria, falecimento ou criação de vagas para tal classe.

Depois de 2012, com a promulgação da Lei 12.772, podemos constatar que o novo PCCMF passou a ser composto pelos cargos de nível superior, de provimento efetivo de professor do MS, do cargo isolado de provimento efetivo, de professor titular-livre do MS, pelas alterações ocorridas na carreira de MS do Plano Único de Classificação e Retribuição de Cargos e Empregos (PUCRCE), de que tratava a Lei 7.596/1987 (BRASIL, 1987). Assim, com a Lei 12.772, passou a pertencer ao Plano de Carreiras e Cargos de Magistério Federal; bem como os cargos de professor titular da carreira de MS do PUCRCE passaram a integrar a classe de professor titular da carreira de Magistério Superior do PCCMF, que entrou em vigor em 1 de março de 2013.

Com a implantação do PCCMF, a evolução na carreira de MS ocorre mediante progressão funcional e promoção, na forma disposta na Lei 12.772/2012, ou seja, o professor adquire o direito à progressão entre níveis a cada 24 meses trabalhados e a promoção entre classes.

a. Carreira de Magistério Superior

Quadro 3 – Correlação do plano de carreiras e cargos do MS

SITUAÇÃO ANTERIOR			SITUAÇÃO ATUAL			
CARREIRA	CLASSE	NÍVEL	NÍVEL	CLASSE	DENOMINAÇÃO	CARREIRA
Carreira de MS do PUCRCE, de que trata a Lei 7.596/1987; Decreto 94.664/1987; Lei 7.923/1989	Titular	1	1	E	Titular	Carreira de MS do PCCMF, de que tratam as Leis 11.344/2006 e 12.772/2012
	Associado	4	4	D	Associado	
		3	3			
		2	2			
		1	1			
	Adjunto	4	4	C	Adjunto	
		3	3			
		2	2			
		1	1			
	Assistente	4	2	B	Assistente	
		3				
		2	1			
		1				
	Auxiliar	4	2	A	Adjunto A: se doutor Assistente A: se mestre Auxiliar A: se graduado ou especialista	
		3				
		2				
		1	1			

Fonte: Brasil (1987, 2012)

b) Carreira de Magistério Superior

Quadro 4 – Correlação da carreira de professor titular do MS

SITUAÇÃO ANTERIOR			SITUAÇÃO ATUAL		
CARREIRA	CARGO	NÍVEL	NÍVEL	CARGO	CARREIRA
MS, Lei 11.784/2008	Professor titular	Único	Único	Professor titular-livre	MS, Lei 12.863/2013

Fonte: Brasil (2008b, 2013)

2.3 Critérios de equivalências entre as carreiras MS e MEBTT

A metodologia empregada para averiguação da equivalência entre os diversos cargos públicos e para constatar se há ou não equivalência entre as carreiras MS e MEBTT foi o método comparativo entre os critérios definidos em lei. Portanto, realizamos estudos e concluímos que, para haver equivalência entre cargos ou carreiras deveremos preencher os seguintes requisitos, conforme descrito no Art. 37 da Lei 8.112, de 11 de dezembro de 1990 (BRASIL, 1990):

I. Equivalência de vencimentos;

II. Manutenção da essência das atribuições do cargo;

III. Vinculação entre os graus de responsabilidade e complexidade das atividades;

IV. Mesmo nível de escolaridade, especialidade ou habilitação profissional;

V. Compatibilidade entre as atribuições do cargo e as finalidades institucionais do órgão ou entidade.

2.3.1 I. Equivalência de vencimentos

Com a instituição do Reconhecimento de Saberes e Competências à carreira de Magistério de Ensino Básico, Técnico e Tecnológico, e essa carreira tornou-se equivalente ao Magistério Superior no quesito vencimentos.

O RSC é um direito conquistado e instituído pela Lei 12.772, de 28 de dezembro de 2012 (BRASIL, 2012), que permitiu ao docente do MEBTT com nível de graduação perceber a Retribuição por Titulação (RT) equivalente à de especialista (RSC-I); àqueles que têm nível de especialização, perceber a RT equivalente à de mestre (RSC-II); e àqueles que têm mestrado, perceber a RT equivalente à de doutor (RSC-III) sem ter o referido título.

O direito à solicitação do RSC foi permitido a partir de março de 2013, e os processos de solicitação (elas) são remetidos à Comissão Permanente de Pessoal Docente (CPPD), que sorteia docentes para constituir uma comissão de avaliação composta por professores doutores ou professores já aprovados numa RSC.

A concessão do RSC é feita mediante um processo de avaliação, conforme um memorial descritivo da formação e das atividades acadêmicas desenvolvidas, pelas quais são reconhecidos os conhecimentos e as habilidades desenvolvidas segundo a experiência individual e profissional, bem como no exercício das atividades realizadas no âmbito acadêmico.

Tendo em vista essa concessão, realizamos um estudo comparativo entre os diferentes regimes de trabalhos das carreiras docentes — quais sejam, 20 h, 40 h e 40 h com Dedicação Exclusiva (DE) —, e em todos eles a remuneração, ou melhor, os Vencimentos Básicos (VB) e as Retribuições por Titulação (RTs) são equivalentes. Assim sendo, as carreiras de magistério federal, MS e MEBTT, são equivalentes quanto aos valores na composição remuneratória, ou seja, ignorando-se a nomenclatura das classes de cada carreira.

No Quadro 5, apresentamos os Vencimentos Básicos e suas respectivas Retribuições por Titulação, bem como os valores totais, dos 13 níveis de cada carreira para o regime de 40 h com DE e que correspondem ao mesmo montante remuneratório para as duas carreiras. Isso de acordo com a Lei 14.563, de 28 de abril de 2023, que abriu espaço no orçamento (BRASIL, 2023b); e a Medida Provisória 1.170, de 28 de abril de 2023 que alterou a remuneração de servidores e de empregados públicos do Poder Executivo federal e permitiu o reajuste salarial das carreiras, alterando, assim, o Anexo V da Lei 14.535, de 17 de janeiro de 2023, que estimava a receita fixa e a despesa da União para o exercício financeiro de 2023 (BRASIL, 2023c), transformado na Lei Ordinária 14673/2023. DOU 15/09/2023.

Quadro 5 – Comparativo entre as remunerações do MEBTT e do MS

Carreiras	Titulação			Vencimento	Graduação		Aperfeiçoamento		Especialista ou Grad. + RSC-I		Mestrado ou Esp. + RSC-II		Doutorado ou Mestrado + RSC-III	
	Classe	Nível	U		Total		RT	Total	RT	Total	RT	Total	RT	Total
	TI-TU-LAR*			10.408,24	-		-	-	-	-	-	-	11.969,48	22.377,72
E B T T	D-IV	4		9.462,03	9.462,03		946,21	10.408,24	1.892,40	11.354,43	4.731,01	14.193,04	10.881,34	20.343,37
		3		9.098,11	9.098,11		909,81	10.007,92	1.819,62	10.917,73	4.549,05	13.647,16	10.462,82	19.560,93
		2		8.748,19	8.748,19		874,82	9.623,01	1.749,64	10.497,83	4.374,09	13.122,28	10.060,41	18.808,60
		1		8.411,72	8.411,72		841,17	9.252,89	1.682,34	10.094,06	4.205,85	12.617,57	9.673,47	18.085,19
	D-III	4		6.729,37	6.729,37		672,93	7.402,30	1.345,88	8.075,25	3.364,69	10.094,06	7.738,77	14.468,14
		3		6.470,55	6.470,55		647,06	7.117,61	1.294,11	7.764,66	3.235,27	9.705,82	7.441,14	13.911,69
		2		6.221,68	6.221,68		622,17	6.843,85	1.244,33	7.466,01	3.110,84	9.332,52	7.154,93	13.376,61
		1		5.982,39	5.982,39		598,24	6.580,63	1.196,48	7.178,87	2.991,19	8.973,58	6.879,74	12.862,13
	D-II	2		5.670,51	5.670,51		567,05	6.237,56	1.134,10	6.804,61	2.835,25	8.505,76	6.521,09	12.191,60
		1		5.400,48	5.400,48		540,05	5.940,53	1.080,09	6.480,57	2.700,25	8.100,73	6.210,56	11.611,04
	D-I	2		5.118,95	5.118,95		511,90	5.630,85	1.023,79	6.142,74	2.559,47	7.678,42	5.886,78	11.005,73
		1		4.875,18	4.875,18		487,51	5.362,69	975,04	5.850,22	2.437,59	7.312,77	5.606,46	10.481,64

	E*	U										
	E*	4	10.408,24	-	-	-	-	-	-	-	11.969,48	22.377,72
	D*	4	9.462,03	-	-	-	-	-	-	-	10.881,34	20.343,37
	D*	3	9.098,11	-	-	-	-	-	-	-	10.462,82	19.560,93
	D*	2	8.748,19	-	-	-	-	-	-	-	10.060,41	18.808,60
	D*	1	8.411,72	-	-	-	-	-	-	-	9.673,47	18.085,19
M S	C	4	6.729,37	6.729,37	672,93	7.402,30	1.345,88	8.075,25	3.364,69	10.094,06	7.738,77	14.468,14
	C	3	6.470,55	6.470,55	647,06	7.117,61	1.294,11	7.764,66	3.235,27	9.705,82	7.441,14	13.911,69
	C	2	6.221,68	5.221,68	622,17	6.843,85	1.244,33	7.466,01	3.110,84	9.332,52	7.154,93	13.376,61
	C	1	5.982,39	5.982,39	598,24	6.580,63	1.196,48	7.178,87	2.991,19	8.973,58	6.879,74	12.862,13
	B	2	5.670,51	5.670,51	567,05	6.237,56	1.134,10	6.804,61	2.835,25	8.505,76	6.521,09	12.191,60
	B	1	5.400,48	5.400,48	540,05	5.940,53	1.080,09	6.480,57	2.700,25	8.100,73	6.210,56	11.611,04
	A	2	5.118,95	5.118,95	511,90	5.630,85	1.023,79	6.142,74	2.559,47	7.678,42	5.886,78	11.005,73
	A	1	4.875,18	4.875,18	487,51	5.362,69	975,04	51.850,22	2.437,59	7.312,77	5.606,46	10.481,64

Fonte: Brasil (2023b, 2023c)

*Valor devido exclusivamente para doutorado

2.3.2 II. Manutenção da essência das atribuições do cargo

O professor de Magistério de Ensino Básico, Técnico e Tecnológico apresenta, entre as atribuições do seu cargo, ser responsável por atividades relacionadas com a educação profissional e tecnológica, prioritária e/ou preferencialmente junto aos cursos técnicos de nível médio, mas também no ensino superior, conforme descrito na Lei 11.892/2008 (BRASIL, 2008c). Essas atividades correspondem a ensino, pesquisa e extensão, que são indissociáveis e comprometidas (compromissadas) com a inclusão social, a sustentabilidade, visando à aprendizagem, à ampliação e à transmissão dos saberes, sempre em processo dialógico com as comunidades e os arranjos produtivos, sociais e culturais locais. O docente poderá também responder por atividades intrínsecas ao desempenho das funções de direção, assessoramento, chefia, coordenação e assistência (até mesmo aquelas relativas à orientação educacional e à supervisão pedagógica individualizada), bem como outras atribuições previstas na legislação vigente.

As atividades inerentes às atribuições do professor da carreira do MS federal são aquelas relacionadas a ensino, pesquisa e extensão; e aquelas relativas ao exercício de direção, assessoramento, chefia, coordenação e assistência na própria instituição, como também aquelas previstas em legislação específica. Outras atividades acadêmicas que também são consideradas próprias dos docentes do ensino superior são as pertencentes a pesquisa, ensino e extensão, que são indissociáveis, visam à aprendizagem, à produção do conhecimento, à ampliação e à transmissão do saber e da cultura.

A forma de ingresso na carreira do MS e as matérias a serem lecionadas são equivalentes à carreira de EBTT. O professor é selecionado em concurso de provas e títulos, tendo uma área ou subáreas, com pontos específicos para a sua atuação. Entretanto, caso seja necessário para adequação acadêmico-administrativa, a abrangência de atuação poderá ser ampliada. Portanto, geralmente os campi dos interiores realizam concursos para área/subárea/subsubárea com o objetivo de suprir a carência de subáreas com o mesmo profissional, pois às vezes este profissional fica com uma carga horária reduzida, mas nada impede que um professor aprovado em concurso para uma subárea atue também em outra da mesma área de formação. No entanto, sempre levando em conta o princípio da legalidade, da acessibilidade aos cargos públicos, bem como da razoabilidade administrativa, pois não deve ocorrer o abandono total das áreas originais para as quais a administração pública realizou o concurso.

Considerando que a atividade docente é bastante complexa, então fazer a comparação entre as atribuições de dois cargos ou funções públicas, principalmente pelas peculiaridades de cada cargo ou função e pelas atribuições e atividades determinadas em lei, é muito difícil. Segundo a expressão da lei, tais atividades apresentam grandes similaridades entre si, no entanto, dadas as peculiaridades de cada cargo, têm que ser comparadas de alguma forma as atividades das duas carreiras distintas.

As atividades desenvolvidas pelos dois profissionais, MS e MEBTT, no tocante ao ensino em nível superior, é perfeitamente equivalente e compatível. No entanto, não há como comparar as atividades desenvolvidas na educação básica e técnica, pois o MS não atua nestes níveis de ensino. Pode-se ressaltar, entretanto, que o docente do MEBTT desempenha atividades adicionais, quando comparadas às dos docentes do MS, portanto podendo assegurar que as atividades desempenhadas pelos profissionais do primeiro cargo são tão equivalentes quanto as atividades desenvolvidas em mesmo nível de ensino pelo segundo, restando apenas uma previsão na legislação para que sejam tratadas de forma equânime.

2.3.3 III. Vinculação entre os graus de responsabilidade e complexidade das atividades

No tocante ao grau de responsabilidade e complexidade das atividades das duas carreiras, é preciso atenção. Ambas buscam pela formação de pessoas. Entretanto, o magistério EBTT guarda a característica de trabalhar desde a educação básica de nível médio e técnico integrado, concomitante e subsequente, até o ensino superior e a pós-graduação, tanto presencial quanto na modalidade de Ensino a Distância (EaD), e em programas com cursos de Formação Inicial e Continuada (FIC), trazendo, assim, um grau maior de complexidade, conforme reforçado por Raquel Vidigal Santiago (2015). Assim, ambas as carreiras trabalham com os níveis de ensino da graduação e pós-graduação, abrangendo os níveis superior ou tecnológico.

Além de todos os argumentos já elencados, ambas as carreiras apresentam um conjunto de classe, níveis e natureza de trabalho. As duas carreiras são pertencentes ao mesmo grupo ocupacional, pois trata-se de um conjunto de categorias funcionais da mesma natureza, escalonadas, segundo escolaridade, nível de complexidade e grau de responsabilidade e atribuições de cada cargo ou função pública. O desempenho profissional dos servidores ocupantes dos dois cargos ocorrerá de forma equivalente, dado o mesmo grau de complexidade de ambos os cargos. Isto só reforça a perspectiva de equivalência, uma vez que a natureza do trabalho exercido nas diferentes carreiras e nas instituições de ensino federais e suas atividades típicas dos cargos são as mesmas, destoando apenas no nível básico e técnico.

Quando da criação da carreira de MEBTT, foi possível comprovar que o trabalho docente era assemelhado, porém em instituições distintas, ou seja, nos Institutos Federais e nas Universidades Federais. Quando da criação e transformação da carreira de MEBTT, tinha-se um projeto bem delineado, pois na ocasião se trabalharam em paralelo os cargos das universidades. No entanto, decorridos alguns anos, colocou-se uma série de empecilhos, e chegou-se a admitir que não estava clara a relação das funções entre as duas instituições, apesar de praticamente todos os critérios de equivalência o corroborarem. Um detalhe deste critério é no tocante à complexidade das atividades e do item II, no caso da "Manutenção da essência das atribuições do cargo", por serem de difícil comparação.

De acordo com resposta da Coordenação-Geral de Gestão de Pessoas/MEC, o dispositivo que previa a possibilidade de atuação de servidores pertencentes à carreira do MEBTT junto ao ensino superior nas Instituições de Ensino Superior (IES) vinculadas ao Ministério da Educação não foi recepcionado pela Lei 12.772/2012, tendo sido revogado. Essa prerrogativa não foi estendida ao MEBTT por falta de previsão legal, conforme entendimento da Advocacia-Geral da União (AGU) constante do Parecer 47/2013/DEPCONSU/PGF/AGU, de 12 de fevereiro de 2013, aprovado pelo procurador-geral federal em 11 de fevereiro de 2015 (AGU, 2013).

2.3.4 IV. Mesmo nível de escolaridade, especialidade ou habilitação profissional

A carreira docente nas Instituições Federais de Ensino Superior (Ifes) é regida pelas Leis 12.772/2012, 12.863/2013 e 13.325/2016, já citadas, que estabelecem que a Carreira do Magistério Federal (CMF) é dividida em três carreiras distintas, conforme discriminação a seguir:

- Carreira do Magistério Superior, dedicada a profissionais capacitados em atividades acadêmicas próprias de docente da educação superior;

- Carreira de titular-livre, com o propósito de contribuir para o crescimento, o desenvolvimento e o fortalecimento de competências para atingir a excelência no ensino e na pesquisa nas Ifes; e

- Carreira de Ensino Básico, Técnico e Tecnológico, orientada a profissionais habilitados em atividades acadêmicas próprias do pessoal docente no âmbito da educação básica e da educação profissional e tecnológica, conforme disposto na Lei 9.394, de 20 de dezembro de 1996 (BRASIL, 1996), e na Lei 11.892, de 29 de dezembro de 2008 (BRASIL, 2008c).

As carreiras do MS e do MEBTT são compostas por quatro classes e 12 níveis equivalentes. Já a vaga do cargo de titular-livre é composta por classe e nível único, cedida pelo Ministério de Planejamento, Orçamento e Gestão (MPOG) — atual Ministério de Planejamento e Orçamento (MPO) — ao Ministério da Educação.

Em 1º de março de 2013, foi aprovado a regulamentação dos Arts. 105 e 106, incisos I e II, da Lei 11.784/2008, e as carreiras de

MEBTT e o cargo isolado de professor titular do EBTT, de que tratam esses incisos, passaram a pertencer ao PCCMF, observada a tabela de correlação. Dessa forma, foi criado e incorporado o cargo isolado de professor titular-livre do MEBTT (BRASIL, 2008b).

A partir de 1º de março de 2013, então, os docentes pertencentes à carreira de MS do PUCRCE, de que tratava a Lei 7.596/1987, foram repassados ao PCCMF, de acordo com a tabela de correlação constante da Lei 12.863/2013, que alterou a Lei 12.772/2012, que dispõe sobre a estruturação do Plano de Carreiras e Cargos de Magistério Federal; altera as Leis 11.526/2007, 8.958/1994, 11.892/2008, 12.513/2011, 9.532/1997, 91/1935, e 12.101/2009; revoga dispositivo da Lei 12.550/2011; e dá outras providências. Nessa data, portanto, os cargos de professor titular da carreira de MS do PUCRCE passaram a integrar a classe de professor titular da carreira de MS do PCCMF, ou seja, o mesmo plano de carreiras e cargos do magistério do EBTT (BRASIL, 2013).

Naquela época, nós docentes ocupantes dos cargos da carreira regida pelo PUCRCE fomos enquadrados no novo Plano de Carreiras e Cargos do Magistério Federal, mas esse enquadramento não representou nenhum efeito legal, nem mesmo para efeitos de aposentadoria, porque houve descontinuidade em relação à carreira, ao cargo e às atribuições atuais desenvolvidas por seus ocupantes. Para os docentes pertencentes às antigas categorias de professor adjunto, professor associado e professor titular, as carreiras têm o mesmo número de níveis. Entretanto, para os docentes pertencentes às categorias de professor assistente e professor auxiliar, houve um reposicionamento, pois as novas classes equivalentes passaram a ter apenas dois níveis.

Quanto à especialidade ou à habilitação profissional, ambas as carreiras podem ter concursos para uma determinada área ou subárea, não podendo o docente se eximir de ministrar aulas na área geral. Quanto à habilitação, a LDB previa a pós-graduação lato sensu como requisito mínimo para o ingresso na carreira de Magistério Superior, no entanto uma pequena mudança no plano de carreira dos professores federais feita pelo governo, na Lei 12.772/2012, eliminou essa exigência, quando se tratar de provimento para área de conhecimento ou em localidade com grave carência de detentores da titulação acadêmica de doutor, conforme decisão fundamentada de seu Conselho Superior (BRASIL, 2012, 2013). Com isso, passou-se a permitir o ingresso na carreira de Magistério Superior, por meio de concurso público, de qualquer portador de diploma de graduação, na classe de professor auxiliar, igualando-se, portanto, aos mesmos requisitos exigidos pelo MEBTT, ou seja, o grau mínimo é apenas a graduação. Dessa forma, as duas carreiras tornaram-se equivalentes também neste item.

2.3.5 V. Compatibilidade entre as atribuições do cargo e as finalidades institucionais do órgão ou entidade

A carreira de professor EBTT é muito complexa. Logo, precisaríamos de um estudo bastante detalhado e cuidadoso, tendo em vista que o docente ministra aula no ensino básico e técnico, nos cursos técnicos integrados, subsequentes, concomitantes, Programa de Integração da Educação Profissional ao Ensino Médio na Modalidade de Educação de Jovens e Adultos (Proeja), superior, pós-graduação.

Assim, a atuação do professor EBTT torna-se mais ampla e complexa que a atividade do docente do MS. A primeira carreira atua em várias modalidades e níveis de ensino, além da pesquisa, extensão e gestão, mas também, entre estes campos de atuação, está o mesmo nível de ensino, pesquisa, extensão e gestão desempenhado pelo MS.

Quando da criação da carreira EBTT, as discussões estavam mais centradas na expansão, na qualidade da expansão, nas dificuldades de identidade dos IFs, da complexidade do trabalho dos professores EBTT, entre outros pontos.

Outro critério que deve ser avaliado é a compatibilidade entre as atribuições dos cargos e as finalidades institucionais dos órgãos ou das entidades, conforme determina o Art. 37, inciso VI, da Lei 8.112/1990 (BRASIL, 1990). Essa análise podemos iniciar com base nos conceitos distintos quanto à finalidade da educação básica e da educação superior, trazidos pela Lei 9.394, de 20 dezembro de 1996, que estabelece as Diretrizes e Bases da Educação Nacional, conforme expresso:

> Art. 22. A educação básica tem por finalidades desenvolver o educando, assegurar-lhe a formação comum indispensável para o exercício da cidadania e fornecer-lhe meios para progredir no trabalho e em estudos posteriores. (Artigo 22);
>
> Art. 43. A educação superior tem por finalidade: I – estimular a criação cultural e o desenvolvimento do espírito científico e do pensamento reflexivo; II – formar diplomados nas diferentes áreas do conhecimento, aptos para a inserção em setores profissionais e para a participação no desenvolvimento da sociedade brasileira, e colaborar na sua formação contínua. III – incentivar o trabalho de pesquisa e investigação científica, visando o desenvolvimento da ciência e da tecnologia e da criação e difusão da cultura, e, desse modo desenvolver o entendimento do homem e do meio em que vive; IV – promover a divulgação de conhecimentos culturais, científicos e técnicos que constituem patrimônio da humanidade e comunicar o saber através do ensino, de publicações ou de outras formas de comunicação; V – suscitar o desejo permanente de aperfeiçoamento cultural e profissional e possibilitar a correspondente concretização, integrando os conhecimentos que vão sendo adquiridos numa estrutura intelectual sistematizadora do conhecimento de cada geração; VI – estimular o conhecimento dos problemas do mundo presente, em particular os nacionais e regionais, prestar serviços especializados à comunidade e estabelecer com esta uma relação de reciprocidade; VII – promover a extensão, aberta à participação da população, visando à difusão das conquistas e benefícios resultantes da criação cultural e da pesquisa científica geradas na instituição (BRASIL, 1996, s/p).

Este critério é o único que apresenta efetivamente finalidades diferentes quanto à ministração de aulas no ensino básico pelos docentes do MEBTT, porém podemos informar que é uma atividade adicional ao trabalho desses docentes, que é suplantado quando analisamos as atividades do ensino superior realizado pelos professores do MS. Neste nível de ensino, as atribuições e finalidades de ambas as carreiras são exatamente coincidentes.

2.4 Perfil docente na Rede Federal de Educação Profissional, Científica e Tecnológica

A atividade docente nas Escolas de Aprendizes Artífices era desenvolvida por professores de curso primário, professores de curso de desenho e mestres de ofícios. Essa distinção explícita entre professor e mestre era respaldada pelo Art. 4 do Decreto 7.566/1909 (BRASIL, 1909a).

Com base nos estudos de Fonseca (1961 *apud* BRANDÃO, 1999), verifica-se que as aulas dos cursos primários e de desenho eram de responsabilidade do professor e seu adjunto, que tinham formação de normalista e especialista da área da disciplina, respectivamente. Como eles eram advindos das escolas do ensino primário, nem faziam ideia do que lecionariam no ensino profissional. Já aos mestres e contramestres, cabiam as oficinas, sendo originários dos estabelecimentos produtivos.

Com a entrada em vigor do Decreto-Lei 4.073, de 30 de janeiro de 1942 (BRASIL, 1942a), instituindo a Lei Orgânica do Ensino Industrial, organizou-se o ensino industrial em dois ciclos. O primeiro abrangia o ensino industrial básico (antigo ginásio), o ensino de maestria, o ensino artesanal e a aprendizagem; o segundo, o ensino técnico (antigo secundário) e o ensino pedagógico (antigo normal). Nesse ambiente, o perfil dos docentes que ministravam aulas nos Liceus Industriais era de professores normalistas e especialistas por áreas de conhecimento, porém com um pequeno diferencial daqueles que atuavam nas EAAs, que era a condição de alguns ministrarem aulas no primeiro ciclo e outros no segundo ciclo, e existiam ainda aqueles que atuavam nas mais variadas especialidades do ensino técnico e pedagógico.

Desde a fundação da RFEPCT, o perfil dos seus docentes veio evoluindo a cada atualização das escolas que a compunham. Desde o início, já tivemos desde docentes sem formação específica para atuação nas mais variadas áreas técnicas atendidas, até aqueles que ministravam aulas nos cursos primários. Daí em diante, a atividade foi evoluindo para docentes com formação normal, passando pelo professor de primeiro e segundo graus, no início ainda sem exigência do ensino superior. A partir da vigência da LDB de 1996, as antigas Escolas Técnicas Federais passaram a ofertar os cursos médios e técnicos e começaram a exigir a formação superior aos seus docentes por força da lei. Os antigos docentes da carreira de primeiro e segundo graus dos Cefets passaram à atual carreira do Magistério de Ensino Básico, Técnico e Tecnológico, com exigências mais elevadas, pois não só a graduação é o bastante; exige-se o mestrado e o doutorado, dada a nova clientela a ser atendida.

2.5 Discussão

A seguir faremos uma breve discussão ancorada nos dados já apresentados, complementando-os com outros pontos relevantes para o estudo da carreira docente em suas esferas.

No tocante à possibilidade de redistribuição, ela não pode ocorrer das universidades para os IFs, os Cefets e o CPII porque eles apresentam carreiras docentes diferentes. A redistribuição pode ocorrer dos IFs, dos Cefets e do CPII às universidades apenas para o docente do MS. Entretanto, a contrapartida da redistribuição é obrigatória e será destinada ao banco de códigos de vagas do MEC, não retornando à instituição de origem. A possibilidade de redistribuição é barrada quando se tenta movimentar da carreira do MEBTT para o MS, pois não existe um entendimento pacificado pelos órgãos de que essas carreiras são equivalentes, principalmente por falta de previsão legal.

Nos IFs, a carreira do MS está extinta e, portanto, não se admitem novos professores na estrutura da instituição; e esses docentes ainda existente em alguns institutos só se afastam por aposentadoria, doença ou falecimento; quando isto ocorre, seus códigos de vagas retornam para o MEC, e os IFs terminam perdendo seus respectivos códigos, não havendo reposição. Quando um professor do MS se afasta para pós-graduação, as UFs não têm direito a receber um código de vaga de professor substituto, mas nos IFs sim.

O Instituto Federal de Educação, Ciência e Tecnologia do Maranhão (Ifma) é o que apresenta um dos maiores contingentes de professores MS na rede, com um quantitativo de quase 90 docentes. Em quase sua totalidade, estão concentrados no campus São Luís Monte Castelo, mas existem docentes nos campi São Luís Centro Histórico, Imperatriz, Codó e Caxias.

Logo, a carreira do Magistério Superior é uma classe precarizada dentro dos Institutos Federais, por só poder ministrar aulas no ensino superior, sendo legalmente proibida de fazê-lo na educação básica. Já o professor do magistério de ensino básico, técnico e tecnológico pode ministrar aulas desde a educação infantil, passando pela educação básica (fundamental e médio técnico), superior, até a pós-graduação, o que o torna também pertencente a uma classe precarizada, atuando em vários níveis de ensino e não tendo a compensação devida, como já pontuado.

Este problema iniciou com a criação dos Centros Federais de Educação Tecnológica. Inicialmente foram transformadas cinco escolas técnicas que ofertavam ensino propedêutico e ensino profissionalizante e uma escola agrotécnica, totalizando seis no Brasil. Alguns anos mais tarde, houve a transformação da Escola Técnica Federal do Maranhão em Cefet-MA, no governo do presidente José Sarney, ou seja, a ETFMA foi a última a ser transformada. A partir de 1994, ocorreu o movimento de cefetização, transformando gradativamente todas as escolas técnicas em Cefets. Em 2008, foram criados os Institutos Federais. Estas instituições são equiparadas às universidades, no entanto muitos servidores, e o público em geral, ainda tratam os IFs como colégios, quando, na verdade, estes são centros de produção de conhecimento via ensino e relevante produção científica por meio das pesquisas desenvolvidas.

Com a criação da carreira do MEBTT, ocorreu uma precarização também para este cargo docente, porque todos os professores de primeiro e segundo graus foram elevados a professores EBTT e passaram a atuar também, legalmente na educação superior, o que antes era proibido. A parte importante neste processo é que os professores que já eram da rede passaram a se qualificar com especializações, mestrados, doutorados e pós-doutorados. Isso é uma realidade, porque a retribuição financeira não compensa pela atividade desempenhada. O professor de primeiro e segundo graus tinha uns benefícios que eram peculiares aos docentes do magistério da educação básica, como a aposentadoria especial, enquanto o professor EBTT perdeu algumas conquistas com a reforma da previdência realizada por meio da Emenda Constitucional 103, promulgada pelo Congresso Nacional em 12 de novembro de 2019, ocorrida no governo de Jair Messias Bolsonaro (BRASIL, 2019).

O Colégio Pedro II, que foi integrado à Rede Federal de Educação Profissional e Tecnológica, ofertava, tradicionalmente, uma educação básica de qualidade fundamentada na história da educação de crianças, e passou a propôs o trabalho com o segmento da educação infantil. O colégio participou do projeto ProInfância em dezembro de 2011 e elaborou o projeto pedagógico preliminar, com sua implantação ocorrendo em 2012, com turmas integradas por estudantes de 4 e 5 anos, distribuídas em dois turnos, no campus Realengo.

Com a instituição do Reconhecimento de Saberes e Competências apenas para os docentes do MEBTT, criou-se uma insatisfação entre os docentes que já tinham mestrado e doutorado. Estes não concordavam com a remuneração recebida um nível acima da titulação comprovada. Por conta dessa situação, muitos docentes se recusavam a formar as bancas de avaliação para os processos de avaliação do RSC. Mas o fato é que docentes que se enquadram nessas atitudes desconhecem o que significa "saberes e competências". Um fator relevante é que, para que alguns docentes se qualificassem, outros deveriam arcar com sua carga horária e atribuições, e, dessa forma, ficavam distantes das oportunidades de qualificação.

Atualmente, coexistem duas carreiras docentes atuando nos IFs — MEBTT e MS —, cada uma em seus níveis de ensino, conforme previsão legal. Entretanto, a carreira do MS já está extinta, pois não há mais concurso público para ela no âmbito dos IFs e seus códigos de vaga são recolhidos pelo MEC assim que o docente se aposenta. Já a carreira de MEBTT, advinda do magistério de primeiro e segundo graus das antigas ETFs e dos Cefets, adquiriu permissão legal de atuação na educação básica, técnica e tecnológica a partir desta transformação.

Para pensar especificamente a questão dos docentes do MS do Ifma, retomamos alguns apontamentos. A carreira de magistério de primeiro e segundo graus foi instituída nas antigas ETFs, nas EAFs, em alguns Colégios Militares e no Colégio Pedro II, perdurando nos Cefets. Após o processo de transformação das ETFs em Cefets, os professores do magistério de primeiro e segundo graus passaram a atuar conjuntamente com os professores do ensino superior, em função da oferta desse nível de ensino, assegurada por meio da Lei 8.948/1994 (BRASIL, 1994) e regulamentada pelo Decreto 2.406/1997 (BRASIL, 1997).

Este fato marca as dificuldades que os docentes do MS dos IFs vêm enfrentando, sobretudo os docentes do MS do Ifma, que representam o maior quantitativo da rede. Nesta realidade, uma forma de minimizar o problema foi migrar a carreira de primeiro e segundo graus e transformá-la na carreira do MEBTT. Essa nova carreira docente atenderia desde a educação básica até o ensino superior (licenciaturas, tecnólogos, bacharelados e pós-graduação). Essa transformação traria algumas consequências quanto ao trabalho docente devido a sua abrangente área de atuação. Logo, um aspecto preocupante quanto à nova configuração da carreira EBTT são as incongruências em relação à carreira do Magistério Superior, por isso existem discussões no sentido de unificação das carreiras do MEBTT e do MS com o intuito de correção das distorções.

Outro ponto a se considerar é que a diferença entre as carreiras MS e MEBTT começa na sua localização. Enquanto a primeira está localizada na Secretaria de Regulação e Supervisão da Educação Superior (Seres), do Ministério da Educação, a MEBTT está localizada na Secretaria de Educação Profissional e Tecnológica. A Seres é responsável pela formulação de políticas para a regulação e supervisão das Instituições de Educação Superior, públicas e privadas, pertencentes ao Sistema Federal de Educação Superior (SFES). Ela foi criada em 17 de abril de 2011, pelo Decreto 7.480 (revogado), sendo substituído pelo Decreto 11.342, de 1º de janeiro de 2023 (BRASIL, 2023a), absorvendo competências antes da Secretaria de Educação Superior (Sesu) e da extinta Secretaria de Educação a Distância (Seed), do MEC. Sua competência é autorizar, reconhecer e renovar o reconhecimento de cursos de graduação (bacharelado, licenciatura e tecnológico) e de pós-graduação lato sensu, todos na modalidade presencial ou a distância, entre outras, enquanto a Setec é responsável pela Rede Federal de Educação Profissional, Científica e Tecnológica.

O Magistério Superior, infelizmente, não tem sua identidade bem definida nos Institutos Federais, enquanto o Magistério de Ensino Básico, Técnico e Tecnológico tem sua identidade bem estabelecida, apesar de sua recente criação.

CONSIDERAÇÕES FINAIS

A equidade entre as carreiras MEBTT e MS não é um ponto pacificado no campo jurídico, pois existem diversos questionamentos na Justiça, como o advindo do Processo 05100.205993/2015-94, da Reitoria do Instituto Federal de Educação, Ciências e Tecnologia de Roraima (IFRR), que trata da consulta de redistribuição entre cargos e carreiras do Plano de Carreiras e Cargos do Magistério Federal, resultando na Nota Técnica 3.736/2019-MP (MPU, 2019), no Parecer 00010/2020/CPIFES/PGF/AGU (AGU, 2020) e no Processo 23147.002670/2017-58, da reitoria do IFRR, que trata da consolidação de entendimento acerca da dispensa de controle eletrônico dos professores da carreira de Magistério do Ensino Básico, Técnico e Tecnológico, nos termos da alínea "e", § 7º, Art. 6º do Decreto 1.590/1995, que resultou na Nota Técnica SEI 28499/2020/ME e demais temas:

1. obrigatoriedade do controle eletrônico de ponto do professor EBTT;

2. multiplicidade de naturezas das atividades do docente do EBTT;

3. situação singular que comporta exceção quanto ao controle do ponto;

4. limitação do controle apenas para as atividades de ensino;

5. possibilidade;

6. necessidade de alteração do entendimento exposto no Parecer 47/2013/DEPCONSU/PGF/AGU.

A Nota Técnica 002/2019 REI-PRODI/IFES (IFES, 2019) dispõe sobre o controle de frequência, a compatibilidade de horários na acumulação remunerada de cargos, empregos e funções aplicáveis aos servidores públicos em exercício nos órgãos e entidades integrantes da administração pública federal direta, autárquica e fundacional, o que levou o Ifes a formar a comissão para criar um conjunto de normas coadunadas com os preceitos de produtividade e dedicação do docente EBTT. Esse alinhamento permitiria ao Ifes, no âmbito da autonomia concedida pela Lei 11.892/2018 (Art. 1º, parágrafo único), fixar mecanismo de controle de frequência alinhado ao que define a decisão judicial favorável ao grupo de docentes do campus Ibatiba.

Há uma Apelação Cível (AC) 1000120-66.2017.4.01.4300, que trata de apelação interposta pelo Sindicato dos Professores do Ensino Superior Público Federal (UFs) em face da sentença que julgou improcedente a pretensão autoral objetivando a anulação/revogação dos efeitos da Instrução Normativa 1/2016/REITORIA/IFTO (IFTO, 2016) que estabeleceu o controle de jornada para todos os servidores da Instituição Federal de Ensino, entre eles os docentes da carreira do MEBTT, com diversas decisões. No entanto, a predominante é aquela que o trabalho educativo não tem como ser aferido por ponto eletrônico, no entanto, como a carreira do MEBTT foi criada posteriormente à lei que dispensa o controle de frequência dos professores do MS, entre outras carreiras, então a carreira de MEBTT não está elencada na lei conjuntamente àquelas que dispensam a aferição da atividade por meio do controle de folha ponto ou de controle eletrônico, porém talvez não seja por não serem equivalentes, mas sim, porque a lei é anterior à criação da carreira de MEBTT.

De acordo com o Art. 1º do Decreto 1.867/1996, os servidores públicos federais da administração pública federal direta, autárquica e fundacional devem se submeter ao ponto eletrônico, com exceção dos que exercem atividades eminentemente externas (§ 4º do Art. 6º do Decreto 1.590/1995 e alterado pelo Decreto 1.867, de 1996) e dos que se enquadram em uma das hipóteses previstas no § 7º do Art. 6º do Decreto 1.590/1995, alterado pelo Decreto nº 10.789/2021 e revogado pelo Decreto nº 11.072, de 2022 (BRASIL, 1995, s/p), passando a vigorar. Vejamos:

> § 4º Os servidores, cujas atividades sejam executadas fora da sede do órgão ou entidade em que tenha exercício e em condições materiais que impeçam o registro diário de ponto, preencherão boletim semanal em que se comprove a respectiva assiduidade e efetiva prestação de serviço.
>
> § 5º O desempenho das atividades afetas aos servidores de que trata o parágrafo anterior será controlado pelas respectivas chefias imediatas.
>
> § 7º São dispensados do controle de frequência os ocupantes de cargos: a) de Natureza Especial; b) do Grupo-Direção e Assessoramento Superiores - DAS, iguais ou superiores ao nível 4; c) de Direção - CD, hierarquicamente iguais ou superiores a DAS 4 ou CD - 3; d) de Pesquisador e Tecnologista do Plano de Carreira para a área de Ciência e Tecnologia; e) de Professor da Carreira de Magistério Superior do Plano Único de Classificação e Retribuição de Cargos e Empregos.

De acordo com o Parecer 00010/2020/CPIFES/PGF/AG (AGU, 2020), o controle da frequência por meio de ponto eletrônico dos professores do MEBTT deverá ser restrito às atividades de ensino e demais atividades presenciais, a exemplo das reuniões pedagógicas e atividades de gestão, devendo as demais atividades ser aferidas por meio do Plano Individual de Trabalho (PIT), na forma que dispuser o regulamento de cada instituição e no Relatório Individual de Atividades (RIA).

Portanto, de acordo com os objetivos propostos, não nos foi possível demonstrar de forma fidedigna, em todos os itens elencados na lei, que as carreiras MEBTT e MS são equivalentes, única e exclusivamente, por falta de previsão legal, tendo em vista que a lei de criação da primeira carreira é posterior à instituição do Decreto 1.590/1995. As carreiras são equivalentes em todos os itens necessários à comparação, previstos em lei, no entanto, parcialmente, no item que trata da atuação na educação básica, que corresponde à parte do ensino básico e técnico e à finalidade dos níveis de ensino, não há como compará-los, porque o magistério superior não atua nesta modalidade de ensino. Estes itens, no entanto, são somente parte de dois deles e representam atividades adicionais, mas que causam controvérsias nas discussões, e terminam não pacificando o entendimento jurídico.

Logo, só haverá tal possibilidade se houver alteração na legislação. Deixamos aqui o indicativo de reivindicação das entidades sindicais junto ao MEC e aos parlamentares da Comissão da Educação da Câmara dos Deputados e do Senado como sugestão de alteração da legislação pertinente.

Quanto à exigência do controle eletrônico de frequência para a carreira de MEBTT, parece algo mais simples, no entanto é outra situação cuja previsão não está na lei, tendo em vista que a carreira é bastante recente, de 2008, e o decreto que regulamenta ponto eletrônico é de 1995, portanto anterior à criação da carreira.

REFERÊNCIAS

ADVOCACIA-GERAL DA UNIÃO (AGU). *Parecer n° 00010/2020/CPIFES/ PGF/AGU.* NUP: 23421.053102/2017-29. Interessados: Instituto Federal de Educação, Ciência e Tecnologia do RN (Reitoria) Assuntos: Atos Administrativos. Petrolina, 07 de maio de 2020. APELAÇÃO CÍVEL (198). Processo Referência: 1000120-66.2017.4.01.4300. PODER JUDICIÁRIO – Tribunal Regional Federal da 1ª Região/Gab. 6 - DESEMBARGADOR FEDERAL. RELATÓRIO O EXCELENTÍSSIMO DESEMBARGADOR FEDERAL JOÃO LUIZ DE SOUSA (RELATOR): Trata-se de apelação interposta pelo SINDICATO DOS PROFESSORES DO ENSINO SUPERIOR PUBLICO FEDERAL. Brasília: AGU, 2017.

ADVOCACIA-GERAL DA UNIÃO (AGU). *Parecer n° 00117/2019/DECOR/ CGU/AGU.* Procuradoria Federal junto ao Instituto Federal de Educação, Ciência e Tecnologia do Espírito Santo. Assunto: Jornada de Trabalho. Magistério. Professor do Ensino Básico, Técnico e Tecnológico dos Institutos Federais. Parecer n.º 47/2013/DEPCONSU/PGF/AGU, do Departamento de Consultoria da Procuradoria-Geral Federal, pela dispensa do controle de frequência, à semelhança do que ocorre com os professores do Ensino Superior. Entendimento diverso do órgão central do Sistema de Pessoal Civil da Administração Federal, fundado na Instrução Normativa SGP/ MP n.º 02, de 12 de setembro de 2018. Brasília: AGU, 2019.

ADVOCACIA-GERAL DA UNIÃO (AGU) *Parecer n.º 047/2013/DEPCUN/ PGF/AGU.* Procuradoria Federal junto ao Instituto Federal de Educação, Ciência e Tecnologia do Rio de Janeiro. Assunto: Dispensa do controle de frequência para os docentes do Ensino Básico, Técnico e Tecnológico – EBTT, de 12 de fevereiro de 2013. Brasília: AGU, 2013.

BRANDÃO, M. Da arte do ofício à ciência da indústria: a conformação do capitalismo industrial no Brasil vista através da educação profissional. *Boletim Técnico do Senac*, São Paulo, 1999, v. 25, n. 3, set./dez. 1999.

BRASIL. *Decreto n.º 1.590, de 10 de agosto de 1995*. Dispõe sobre a jornada de trabalho dos servidores da Administração Pública Federal direta, das autarquias e das fundações públicas federais, e dá outras providências. Brasília: Presidência da República, 1995. Disponível em: https://www.planalto.gov.br/ccivil_03/decreto/D1590.htm. Acesso em: 16 abril 2023.

BRASIL. *Decreto n.º 2.208, de 17 de abril de 1997*. Regulamenta o §2º do art. 36 e os artigos 39 a 42 da Lei 9.394, de 20 de dezembro de 1996, que estabelece as diretrizes e bases da educação nacional. Brasília: Presidência da República, 1997a. Disponível em: http://portal.mec.gov.br/seesp/arquivos/pdf/dec2208.pdf. Acesso em: 2 abr. 2023.

BRASIL. *Decreto n.º 2.406, de 27 de novembro de 1997*. Regulamenta a Lei n.º 8.948, de 8 de dezembro de 1994, e dá outras providências. Brasília: Presidência da República, 1997b. Disponível em: http://portal.mec.gov.br/setec/arquivos/pdf/dec2406.pdf. Acesso em: 2 abr. 2023.

BRASIL. *Decreto n.º 7.566, de 23 de setembro de 1909*. Créa nas capitaes dos Estados da Escolas de Aprendizes Artífices, para o ensino profissional primário e gratuito. Rio de Janeiro: Presidência da República, 1909a. Disponível em: http://portal.mec.gov.br/setec/arquivos/pdf3/decreto_7566_1909.pdf. Acesso em: 8 mar. 2022.

BRASIL. *Decreto n.º 7.649, de 11 de novembro de 1909*. Crea nas Escolas de Aprendizes Artifices, a que se refere o decreto n. 7.566, de 23 de setembro ultimo, os logares de professores dos cursos primarios nocturnos e de desenho e da outras providencias. Rio de Janeiro: Presidência da República, 1909b. Disponível em: https://www2.camara.leg.br/legin/fed/decret/1900-1909/decreto-7649-11-novembro-1909-525418-publicacaooriginal-1-pe.html. Acesso em: 11 mar. 2023.

BRASIL. *Decreto n.º 11.342, de 1º de janeiro de 2023*. Aprova a Estrutura Regimental e o Quadro Demonstrativo dos Cargos em Comissão e das Funções de Confiança do Ministério da Educação e remaneja cargos em comissão e funções de confiança. Brasília: Presidência da República, 2023a. Disponível em: https://www.planalto.gov.br/ccivil_03/_Ato2023-2026/2023/Decreto/D11342.htm#art4. Acesso em: 23 maio 2023.

BRASIL. *Decreto-Lei n.º* 181, *de 17 de fevereiro de 1967*. Dá nova denominação à atual Escola Técnica Federal da Guanabara. Brasília: Presidência da República, 1967. Disponível em: https://www.planalto.gov.br/ccivil_03/decreto-lei/1965-1988/del0181.htm. Acesso em: 2 abr. 2023.

BRASIL. *Decreto-Lei n.º 4.073, de 30 de janeiro de 1942*. Lei Orgânica do Ensino Industrial. Rio de Janeiro: Presidência da República, 1942a. Disponível em: https://www2.camara.leg.br/legin/fed/declei/1940-1949/decreto-lei-4073-30-janeiro-1942-414503-publicacaooriginal-1-pe.html. Acesso em: 15 mar. 2022.

BRASIL. *Decreto-Lei n.º 4.127, de 25 de fevereiro de 1942*. Estabelece as bases de organização da rede federal de estabelecimentos de ensino industrial. Rio de Janeiro: Presidência da República, 1942b. Disponível em: https://www2.camara.leg.br/legin/fed/declei/1940-1949/decreto-lei-4127-25-fevereiro-1942-414123-publicacaooriginal-1-pe.html. Acesso em: 14 mar. 2022.

BRASIL. *Decreto-Lei nº 9.613, de 20 de agosto de 1946*. Lei Orgânica do Ensino Agrícola. Rio de Janeiro: Presidência da República, 1946. Disponível em: https://www.planalto.gov.br/ccivil_03/decreto-lei/1937-1946/del9613.htm. Acesso em: 2 abr. 2023.

BRASIL. *Emenda Constitucional nº 103, de 12 de novembro de 2019*. Altera o sistema de previdência social e estabelece regras de transição e disposições transitórias. Brasília: Câmara dos Deputados; Senado Federal, 2019.

BRASIL. *Lei n.º 378, de 13 de janeiro de 1937*. Dá nova organização ao Ministério da educação e Saúde Pública. Rio de Janeiro: Presidência da República, 1937. Disponível em: https://www2.camara.leg.br/legin/fed/lei/1930-1939/lei-378-13-janeiro-1937-398059-publicacaooriginal-1-pl.html. Acesso em: 14 mar. 2022.

BRASIL. *Lei n.º* 3.552, de 16 de fevereiro de 1959. Dispõe sobre nova organização escolar e administrativa dos estabelecimentos de ensino industrial do Ministério da Educação e Cultura, e dá outras providências. Rio de Janeiro: Presidência da República, 1959. Disponível em: https://www.planalto.gov.br/ccivil_03/leis/l3552.htm. Acesso em: 14 mar. 2022.

BRASIL. Lei n.º 4.759, *20 de agosto de 1965*. Dispõe sôbre a denominação e qualificação das Universidades e Escolas Técnicas Federais. Brasília: Presidência da República, 1965. Disponível em: https://www.planalto.gov.br/ccivil_03/leis/1950-1969/L4759.htm. Acesso em: 2 abr. 2023.

BRASIL. *Lei n.º 6.545, de 30 de junho de 1978*. Dispõe sobre a transformação das Escolas Técnicas Federais de Minas Gerais, do Paraná e Celso Suckow da Fonseca em Centros Federais de Educação Tecnológica e dá outras providências. Brasília: Presidência da República, 1978. Disponível em: https://www.planalto.gov.br/ccivil_03/leis/l6545.htm. Acesso em: 2 abr. 2023.

BRASIL. *Lei n.º 7.596, de 10 de abril de 1987*. Altera dispositivos do Decreto-lei n.º 200, de 25 de fevereiro de 1967, modificado pelo Decreto-lei n.º 900, de 29 de setembro de 1969, e pelo Decreto-lei n.º 2.299, de 21 de novembro de 1986, e dá outras providências. Brasília: Presidência da República, 1987. Disponível em: http://http://www.planalto.gov.br/ccivil_03/leis/l7596.htm. Acesso em: 17 mar. 2022.

BRASIL. *Lei n.º 7.863, de 31 de outubro de 1989*. Dispõe sobre a transformação da Escola Técnica Federal do Maranhão em Centro Federal de Educação Tecnológica. Brasília: Presidência da República, 1989. Disponível em: https://www.planalto.gov.br/ccivil_03/leis/1989_1994/l7863.htm. Acesso em: 2 jun. 2023.

BRASIL. *Lei n.º 8.112, de 11 de dezembro de 1990*. Dispõe sobre o regime jurídico dos servidores públicos civis da União, das autarquias e das fundações públicas federais. Brasília: Presidência da República, 1990. Disponível em: https://www.planalto.gov.br/ccivil_03/leis/l8112cons.htm. Acesso em: 9 abr. 2023.

BRASIL. *Lei n.º 8.948, de 8 de dezembro de 1994*. Dispõe sobre a instituição do Sistema Nacional de Educação Tecnológica e dá outras providências. Brasília: Presidência da República, 1994. Disponível em: https://www.planalto.gov.br/ccivil_03/leis/l8948.htm. Acesso em: 14 mar. 2022.

BRASIL. *Lei n.º 9.394, de 20 de dezembro de 1996*. Estabelece as Diretrizes e Bases da Educação Nacional. Brasília. 1996. Disponível em: https://www.geledes.org.br/wp-content/uploads/2009/04/lei_diretrizes.pdf. Acesso em: 9 abr. 2023.

BRASIL. *Lei n.º 11.184, de 7 de outubro de 2005*. Dispõe sobre a transformação do Centro Federal de Educação Tecnológica do Paraná em Universidade Tecnológica Federal do Paraná e dá outras providências. Brasília: Presidência da República, 2005. Disponível em: https://www.planalto.gov.br/ccivil_03/_ato2004-2006/2005/lei/l11184.htm. Acesso em: 21 maio 2023.

BRASIL. *Lei n.º 11.741, de 16 de julho de 2008*. Altera dispositivos da Lei no 9.394, de 20 de dezembro de 1996, que estabelece as diretrizes e bases da educação nacional, para redimensionar, institucionalizar e integrar as ações da educação profissional técnica de nível médio, da educação de jovens e adultos e da educação profissional e tecnológica. Brasília: Presidência da República, 2008a. Disponível em: https://www.planalto.gov.br/ccivil_03/_ato2007-2010/2008/lei/l11741.htm. Acesso em: 9 abr. 2023.

BRASIL. *Lei n.º 11.784, de 22 de setembro de 2008*. Dispõe sobre a reestruturação do Plano Geral de Cargos do Poder Executivo – PGPE, da Carreira de Magistério Superior, de que trata a Lei no 7.596, de 10 de abril de 1987, do Plano de Carreira e Cargos de Magistério do Ensino Básico, Técnico e Tecnológico, e do Plano de Carreira do Ensino Básico Federal, dentre outras carreiras. Brasília: Presidência da República, 2008b. Disponível em: http://http://www.planalto.gov.br/ccivil_03/_ato2007-2010/2008/lei/l11784.htm. Acesso em: 17 mar. 2022.

BRASIL. *Lei n.º 11.892, de 29 de dezembro de 2008*. Institui a Rede Federal de Educação Profissional, Científica e Tecnológica, cria os Institutos Federais de Educação, Ciência e Tecnologia, e dá outras providências. Brasília: Presidência da República, 2008c. Disponível em: http://www.planalto.gov.br/ccivil_03/_ato2007-2010/2008/lei/l11892.htm. Acesso em: 14 mar. 2022.

BRASIL. *Lei n.º 12.772, de 28 de dezembro de 2012*. Dispõe sobre a estruturação do Plano de Carreiras e Cargos de Magistério Federal; sobre a Carreira do Magistério Superior, de que trata a Lei n.º 7.596, de 10 de abril de 1987; sobre o Plano de Carreira e Cargos de Magistério do Ensino Básico, Técnico e Tecnológico e sobre o Plano de Carreiras de Magistério do Ensino Básico Federal, de que trata a Lei n.º 11.784, de 22 de setembro de 2008; sobre a contratação de professores substitutos, visitantes e estrangeiros, de que trata a Lei n.º 8.745 de 9 de dezembro de 1993; sobre a remuneração das

Carreiras e Planos Especiais do Instituto. Brasília: Presidência da República, 2012. Disponível em: http://www.planalto.gov.br/ccivil_03/_ato2007-2010/2008/lei/l11892.htm. Acesso em: 17 mar. 2022.

BRASIL. Lei n.º 12.863, de 24 de setembro de 2013. Altera a Lei n.º 12.772, de 28 de dezembro de 2012, que dispõe sobre a estruturação do Plano de Carreiras e Cargos de Magistério Federal; altera as Leis n.ºˢ 11.526, de 4 de outubro de 2007, 8.958, de 20 de dezembro de 1994, 11.892, de 29 de dezembro de 2008, 12.513, de 26 de outubro de 2011, 9.532, de 10 de dezembro de 1997, 91, de 28 de agosto de 1935, e 12.101, de 27 de novembro de 2009; revoga dispositivo da Lei n.º 12.550, de 15 de dezembro de 2011; e dá outras providências. Brasília: Presidência da República, 2013. Disponível em: https://www.planalto.gov.br/ccivil_03/_ato2011-2014/2013/lei/l12863.htm. Acesso em: 9 abr. 2023.

BRASIL. *Lei n.º 13.325, de 29 de julho de 2016*. Altera a remuneração, as regras de promoção, as regras de incorporação de gratificação de desempenho a aposentadorias e pensões de servidores públicos da área da educação, e dá outras providências. Brasília: Presidência da República, 2016. Disponível em: https://www.planalto.gov.br/ccivil_03/_ato2015-2018/2016/lei/l13325.htm. Acesso em: 2 abr. 2023.

BRASIL. *Lei n.º 14.563, de 28 de abril de 2023*. Altera o Anexo V à Lei n.º 14.535, de 17 de janeiro de 2023, que estima a receita e fixa a despesa da União para o exercício financeiro de 2023. Brasil: Presidência da República, 2023b. Disponível em: https://normas.leg.br/?urn=urn:lex:br:federal:lei:2023-04-28;14563. Acesso em: 28 maio 2023.

BRASIL. *Medida Provisória n.º 1.170, de 28 de abril de 2023*. Altera a remuneração de servidores e de empregados públicos do Poder Executivo federal. Brasília: Presidência da República, 2023c. Disponível em: https://www.planalto.gov.br/ccivil_03/_Ato2023-2026/2023/Mpv/mpv1170.htm. Acesso em: 25 maio 2023.

BRASIL. Ministério da Economia. *Nota Técnica SEI n.º 28499/2020/ME*. Consolidação de entendimento acerca da dispensa de controle eletrônico dos Professores da Carreira de Magistério do Ensino Básico, Técnico e

Tecnológico - EBTT, nos termos da alínea "e" do § 7º do art. 6º do Decreto n.º 1.590, de 10 de agosto de 1995. Brasília: ME, 2020.

BRASIL. Ministério do Planejamento, Desenvolvimento e Gestão. Secretaria de Gestão de Pessoas. *Instrução Normativa n.º 2, de 12 de setembro de 2018.* Estabelece orientação, critérios e procedimentos gerais a serem observados pelos órgãos e entidades integrantes do Sistema de Pessoal Civil da Administração Federal - Sipec, quanto à jornada de trabalho de que trata o art. 19 da Lei n.º 8.112, de 11 de dezembro de 1990, regulamentado pelo Decreto n.º 1.590, de 10 de agosto de 1995 e pelo Decreto n.º 1.867, de 17 de abril de 1996, que dispõem sobre o controle de frequência, a compatibilidade de horários na acumulação remunerada de cargos, empregos e funções, aplicáveis aos servidores públicos, em exercício nos órgãos e entidades integrantes da Administração Pública Federal direta, autárquica e fundacional. Diário Oficial. 12 de setembro de 2018. Brasília: MP, 2018. Disponível em: https://www2.unifap.br/drh/files/2019/01/INSTRU%C3%87%C3%83O-NORMATIVA-N%C2%BA-2-DE-12-DE-SETEMBRO-DE-2018.pdf. Acesso em: 14 mar. 2018.

CARDOSO, T. F. L. A formação docente na Escola Normal de Artes e Ofícios Wenceslau Braz (1917-1937). *In*: CONGRESSO BRASILEIRO DE HISTÓRIA DA EDUCAÇÃO, 1., 2000, Rio de Janeiro. Anais [...]. Rio de Janeiro: CEFET-RJ: SBHE, 2000. Tema: Educação no Brasil: História e Historiografia.

DISTRITO FEDERAL (DF). *Decreto n.º* 1.790, de 8 de jan. 1917. Autoriza a criação de uma Escola Normal de Artes e Offícios, mediante as condições que estabelece, e dá outras providências. Rio de Janeiro: Prefeitura do Distrito Federal, 1917ª. Disponível em: http://memoria.bn.br/DocReader/663816/6605. Acesso em: 28 mar. 2020.

DISTRITO FEDERAL (DF). *Decreto n.º* 1.800, de 11 de ago. 1917. Autoriza a transformação da Escola Normal de Artes e Offícios na Escola Normal de Artes e Offícios Wenceslau Braz, mediante as condições que estabelece, e dá outras providências. Rio de Janeiro: Prefeitura do Distrito Federal, 1917b. Disponível em: http://memoria.bn.br/DocReader/663816/6605. Acesso em: 28 mar. 2020.

FONSECA, C. S. *História do ensino industrial no brasil*. Rio de Janeiro: ETN, 1961.

INSTITUTO FEDERAL DE EDUCAÇÃO, CIÊNCIA E TECNOLOGIA DE RORAIMA (IFRR). *Nota Técnica SEI n.º 28499/2020/ME*. Referência ao processo n.º 23147.002670/2017-58 – Reitoria do IFRR. Dispõe sobre a consolidação de entendimento acerca da dispensa de controle eletrônico dos Professores da Carreira de Magistério do Ensino Básico, Técnico e Tecnológico – EBTT, nos termos da alínea "e" do § 7º do art. 6º do Decreto n.º 1.590, de 10 de agosto de 1995. Parecer n.º 11264/2020/ME (9096601), a Procuradoria-Geral da Fazenda Nacional encaminha o processo em epígrafe, tendo em vista o Parecer n.º 00117/2019/DECOR/CGU/AGU e respectivos Despachos de aprovação nº 00496/2020/GAB/CGU/AGU do Consultor-Geral da União e nº 327 do Sr. Advogado-Geral da União, uniformizando o entendimento jurídico a respeito da impossibilidade de se estender a dispensa de controle de frequência para integrantes da Carreira do Magistério do Ensino Básico, Técnico e Tecnológico, aplicada aos docentes do Magistério Superior, por absoluta falta de previsão normativa. Boa Vista: IFRR, 2020. Disponível em: https://reitoria.ifrr.edu.br/gestao-de-pessoas/legislacao/jornada-de-trabalho/Nota%20Tecnica%20SEI%20no%2028499-2020-ME%20-%20%20Entendimento%20sobre%20a%20impossibilidade%20de%20dispensa%20de%20controle%20de%20frequencia%20de%20Professor%20EBTT.pdf/view#:~:text=Nota%20T%C3%A9cnica%20SEI%20n%C2%BA%2028499,pdf%20%E2%80%94%20Reitoria. Acesso em: 2 abr. 2023.

INSTITUTO FEDERAL DE EDUCAÇÃO, CIÊNCIA E TECNOLOGIA DO ESPÍRITO SANTO (IFES). *Nota Técnica n.º 002/2019 REI-PRODI-IFES*. ASSUNTO: Continuidade dos trabalhos da Comissão designada pela Portaria n.º 2191. Vitória: Ifes, 28 mar. 2019.

INSTITUTO FEDERAL DE EDUCAÇÃO, CIÊNCIA E TECNOLOGIA DO TOCANTIS (IFTO). Reitoria. *Instrução Normativa n.º 1/2016/REITORIA/IFTO*, de 18 de agosto de 2016. Institui a política de uso do sistema eletrônico de ponto e o controle da jornada de trabalho diário dos servidores do Instituto Federal de Educação, Ciência e Tecnologia do Tocantins. Palmas: Ifto, 2016.

MINISTÉRIO PÚBLICO DA UNIÃO (MPU). *Nota Técnica n.º 3.736/2019-MP*. Assunto: Consulta. Redistribuição entre cargos e carreiras do Plano de Carreiras e Cargos do Magistério Federal. Referência: Processo n.º 05100.205993/2015-94. Brasília: MPU, 2019.

MOURA, E. C. M. O protagonismo da escola técnica nacional na formação de professores: o que dizem os monumentos e a matemática. *Revista Educação & Realidade*, Porto Alegre, v. 46, n. 2, e112166, 2021. Disponível em: https://www.scielo.br/j/edreal/a/QTpZcb9bHZBdkcnTZpfRNgM/?lang=pt&format=pdf. Acesso em: 23 mar. 2023.

MOURA, E C. M. Um olhar sobre a oficina na formação do técnico em escolas profissionalizantes do Brasil e de Portugal no período de 1942 a 1978. *Revista Eventos Pedagógicos*, Sinop, v. 9, n. 2, p. 767-787, ago./out. 2018. Disponível em: https://dspace.unila.edu.br/bitstream/handle/123456789/5908/Um%20Olhar%20sobre%20a%20Oficina%20na%20Forma%c3%a7%c3%a3o%20do%20T%c3%a9cnico%20em%20Escolas%20Profissionalizantes%20do%20Brasil%20e%20de%20Portugal%20no%20Per%c3%adodo%20de%201942%20a%201978?sequence=1&isAllowed=y. Acesso em: 15 mar. 2023.

SANTIAGO, R. V. *O trabalho docente no ensino básico, técnico e tecnológico*: o caso do IF Sudeste MG - campus Rio Pomba. 2015. 163 f. Dissertação (Mestrado em Educação) – Universidade Federal de Viçosa, Viçosa, 2015.